Anita Gaffron

Jesus tut Wunder auf seinem Weg

Anita Gaffron

Autorin, Mutter von 6 Kindern, Tagesmutter, langjährige Praxiserfahrung in der religionspädagogischen Arbeit und Referentin für religionspädagogisches Arbeiten mit Kindern

Das Werk und seine Teile sind urheberrechtlich geschützt.
Jede Nutzung in anderen als den gesetzlich zugelassenen Fällen bedarf der vorherigen schriftlichen Einwilligung des Verlages.
Hinweis zu § 52a UrhG: Weder das Werk noch seine Teile dürfen ohne eine solche Einwilligung eingescannt und in ein Netzwerk eingestellt werden.
Dies gilt auch für Intranets von Schulen und sonstigen Bildungseinrichtungen.

© 2017   didactus Verlag – Kempten

Autorin: Anita Gaffron

Layout/Fotografie/ Satz: Carmen Schöll

Fotografie und
Bildnachweise: Bildarchiv didactus - Fotos: fotolia.com
sowie Gaffron, Anita

Verlagskontakt:

Beim Thingerstobel 16
87439 Kempten
Tel. +49 (0) 831/5237608   Fax +49 (0) 831/5237609
e-Mail: didactus@web.de   http://www.didactus.com
Printed in Germany

ISBN   978-3-941567-73-3

Zu dieser Buchreihe

Viele Eltern und Erzieher würden ihren Kindern gerne mehr biblische Geschichten erzählen. Aber wo fängt man an und wo hört man auf? Kann ich eine Geschichte aus der Bibel erzählen, ohne etwas falsch zu machen? Und wie kann ich sie umsetzen, so dass sie bei den Kindern ankommt und die Kinder sie buchstäblich begreifen? Diese Fragen und Schwierigkeiten begegnen mir im Kontakt mit MitarbeiterInnen in der Kinderkirche oder auch im Kindergarten immer wieder und mit dieser Buchreihe möchte ich Ihnen eine kleine Hilfestellung an die Hand geben:
Zum einen ist es mir wichtig, Ihnen Mut zu machen, sich zu trauen, den Kindern biblische Geschichten zu erzählen. Die Bibel beinhaltet einen unendlich reichen Schatz an Geschichten. Ja, Jesus selbst war ein wunderbarer Geschichtenerzähler und alleine durch seine Geschichten hat er viele Menschen in seinen Bann gezogen.
Zum anderen möchte ich Ihnen praktische Umsetzungsmöglichkeiten an die Hand geben, um die biblischen Geschichten lebendig und kreativ zu erzählen. Diese Buchreihe wird sich nach und nach so ergänzen, dass Sie im Kindergarten, im Kindergottesdienst, in der Kinderkirche oder in der Familie einen Leitfaden durch das Jahr bekommen – ausgestattet mit kindgerechten biblischen Geschichten, die Sie entweder anhand der Bildkarten einfach nacherzählen oder auch vorlesen können oder vielleicht selbst weiter ausschmücken und fortführen können.
Es ist nicht nötig, dass wir als Eltern, Erzieher oder Mitarbeiter der Kinderkirche biblische Geschichten auslegen. Niemand erwartet von uns theologisches Fachwissen. Wir brauchen keine Predigten schreiben. Um einen Glauben in Kinderherzen einzupflanzen oder wachsen zu lassen, ist es notwendig, dass wir Kindern immer wieder Geschichten von Gott und Jesus erzählen. Dadurch können wir sie be-GEIST-ern für die Liebe Gottes zu uns Menschen. Und zu keinem anderen Zeitpunkt lassen sich Menschen so leicht von einer Idee, von einem Glauben, von einer Kraft, anstecken wie im Kindesalter.
Ich hoffe, diese Buchreihe wird ihren kleinen Beitrag dazu leisten, biblische Geschichten in ihrer praktischen Umsetzung etwas „leichter" zu gestalten. Sehen Sie diese Bücher als Arbeitshilfe, um den ihnen anvertrauten Kindern etwas von Gottes großer Liebe zu erzählen.

Zu diesem Buch

Natürlich könnten wir jetzt darüber diskutieren, ob die Wundergeschichten, die in diesem Buch für die Kinder nacherzählt wurden, wirklich wahr sind und überhaupt so stattgefunden haben. Es gibt keine wissenschaftlichen Beweise für ihren Wahrheitsgehalt. Ein Wunder kennzeichnet sich darin, dass es unerklärlich, mit logischer Vernunft nicht nachzuvollziehen und durch keine Statistiken oder wissenschaftlichen Thesen zu belegen ist.

Es stellt sich hier bereits am Anfang des Buches die Frage, was eigentlich ein Wunder ist. Wenn wir an das „Blaue Wunder" denken, werden wir schnell merken, dass ein Wunder nicht zwangsläufig etwas Gutes verheißen muss. Wenn wir allerdings von einem Wunder in der Bibel sprechen, gehen wir immer davon aus, dass sich eine aussichtslose Lage plötzlich zum Guten wendet – durch Gottes Hilfe. Ein Wunder war auch zu biblischer Zeit nicht planbar, bedurfte einer heilvollen Fügung von Gott und war oftmals die letzte Hoffnung für verzweifelte Menschen.

Ein Wunder ist immer auch etwas sehr persönliches. So können Sie in jedem Sonnenaufgang ein kleines Wunder erkennen, in jeder Blume, die Sie am Wegrand sehen oder in jedem neugeborenen Menschen. Vielleicht sind das alles aber auch Dinge, deren Ursprung und Bestehen Sie wissenschaftlich und rationell erklären können und wollen. Ob Sie an die Wunder aus der Bibel und an die Wunder des täglichen Lebens glauben können, können Sie nur für sich selbst beantworten und ergründen. Es lohnt auf jeden Fall darüber nachzudenken, wie sehr wir uns darauf einlassen können, an das Unglaubliche zu glauben. Hat unser Glaube Grenzen? Ist es vielleicht noch nachvollziehbar, dass viele Menschen satt wurden, weil sie alles, was sie hatten, untereinander aufgeteilt haben, aber ist die Möglichkeit doch ausgeschlossen, dass 5000 Menschen mit zwei Fischen und fünf Broten satt wurden? Und wie wollen wir davon den Kindern erzählen? So wie es in der Bibel steht? Unglaublich, nicht erklärbar, fern ab von Realität und Vernunft? Oder doch so, wie es vielleicht erklärbar wäre? Wichtig ist mir, dass Sie darüber nachdenken. Vielleicht werden Sie manche Geschichten heute anders erzählen, als Sie dies vor 15 Jahren taten, oder wie Sie es vermutlich in zehn oder 20 Jahren tun werden. Glaube ist etwas Lebendiges und auch etwas, das sich verändert – durch Erfahrungen von Glück und Leid, durch Wissen und Gefühle oder auch durch die Beziehung zu Gott und den Menschen.

Ich bin überzeugt, dass hinter jedem aufmerksamkeitserregenden Wunder eine Begegnung mit dem Menschen Jesus stand, die einfach gut tat. Die den Menschen half, ihr Leben zu überdenken, sich neu zu orientieren und entsprechend zu handeln.

Anita Gaffrou

Überblick über die Wundergeschichten

Bei den Wundergeschichten habe ich versucht, unterschiedliche Schwerpunkte zu legen. So gilt die Sättigung der 5000 Menschen als **Geschenkwunder**. Jesus sorgt während einer langen Predigt, die er den Menschen hält, nicht nur für deren geistiges Wohl, sondern auch für ihr körperliches. Auch die Hochzeit zu Kana, als Jesus das Wasser in Wein verwandelt, würde sich in diese Reihe einordnen. Diese Geschenkwunder gelten als Zeichen, dass Gott auch für unsere leiblichen Bedürfnisse sorgt.

Sicherlich nicht ganz ohne Bedenken habe ich auch die Erzählung um die Heilung des Besessenen aus Gerasa mit aufgenommen. Weil psychische Krankheiten damals als Besessenheit angesehen wurden, ausgelöst von einem Dämon oder bösen Geist, gelten diese **Dämonenaustreibungen** als Sonderfall der Heilungswunder. Hier geht es um einen Machtkampf zwischen Gut und Böse, zwischen Wunderheiler und Dämon. Da Jesus in der Lage war, die Menschen von diesen bösen Mächten zu befreien, zeigte er sich stärker als alles Böse. Nicht die Menschen, die von einem bösen Geist besessen waren, mussten ausgegrenzt werden, damit das Böse nicht um sich schlug, nein, es reichte, das Böse aus dem Menschen zu verbannen, um das Gute in die Welt zurückzuholen. So würde nicht der Teufel seine Herrschaft über die Menschen bringen, sondern Gott. Er war und ist der Mächtigere in unserer Welt.

Auch die Geschichte der **Totenerweckung** weckt meine Zweifel, ob diese wirklich für Kinder geeignet ist. Trotzdem habe ich die Erzählung von der Auferweckung der Tochter des Jairus mit aufgenommen. Sie ist die einzig mehrfach überlieferte Totenerweckung. In dieser Geschichte wird deutlich, wer letztendlich der Herr über Leben und Tod ist: nämlich Jesus Christus. Es ist unser christlicher Glaube, dass wir daran festhalten, dass mit dem Tode nicht alles zu Ende ist, sondern dass es einen gibt, der mächtiger ist und wir sicher sein dürfen, dass er uns – auch im Tode – neues Leben schenkt. Trotzdem bleibt es eine Herausforderung diese Geschichte so zu erzählen, dass sie ein Wunder bleibt und wir uns – in dem diesseitigen Leben – mit der Endgültigkeit des Todes abfinden müssen.

Zwei klassische **Heilungswunder** finden Sie ebenfalls in diesem Buch; zum einen die Heilung des gelähmten Mannes und die Heilung des blinden Bartimäus, zwei sehr bekannte und häufig erzählte Geschichten. Bei der Heilung des gelähmten Mannes war mir der Aspekt der Freundschaft sehr wichtig, deswegen hab ich es zusätzlich zur Geschichte um den Bartimäus hier aufgenommen. Diese beiden Heilungswunder bezeugen Jesu göttlichen Auftrag. Er ist der Wundertäter, den Gott zu uns auf die Erde schickte.

Ein Natur- bzw. Rettungswunder schildert die Sturmstillung, ebenfalls eine sehr bekannte Erzählung. Hier wird Gottes Macht noch einmal sehr deutlich. Etwas, wovor sich Menschen selbst kaum schützen können, nämlich vor Naturgewalten wie zum Beispiel Stürme, massive Regenfälle, Tsunami; auch hier zeigt sich Gott mächtiger. Seine Gewalt reicht aus, um darüber zu siegen. Auch wenn keine Rettung in Sicht ist, auch wenn alles ausweglos erscheint, dürfen wir trotzdem auf Gott vertrauen. Er ist da und wird es immer sein.

Von einem sogenannten **Normenwunder** erzählt die Geschichte „Jesus heilt einen Mann am Sabbat". Auf den ersten Blick mag diese Erzählung wie ein weiteres Heilungswunder anmuten, was es in zweiter Linie auch ist. Das vorrangige Wunder ist allerdings, dass Jesus in seiner Heilung am Sabbat ein bis dato unangefochtenes Gesetz in Frage stellt. Jesus stellt klar, dass der Sabbat zum Wohle der Menschen gedacht ist und nicht, um die eigene Frömmigkeit an diesem Tage zur Schau zu stellen. Dieses Normenwunder kehrte den Wertemaßstab der Menschen von damals um. Jesus zeigte, dass die Rettung und Erhaltung von Leben oberste Priorität hat. Die Nächstenliebe und Barmherzigkeit sind höchstes Gebot und dahinter hat alles zurückzustehen. Weil ich es für notwendig erachte, diese (christliche) Einstellung auch in unsere Zeit hineinzutransportieren, hat dieses Normenwunder nochmal eine eigene Geschichte auch in diesem Büchlein verdient.

Zur Übersicht

Die einzelnen Kapitel sind immer nach gleichem Schema aufgebaut.
Zur leichteren Orientierung finden Sie folgende Symbole am Rande:

 Der Bibeltext

 Vertiefungsmöglichkeit (Rätsel, Spiel,...)

 Was mir an der Erzählung wichtig ist

 Liedvorschläge

 Was mein Herz berührt

 Gebet zur Geschichte

 Die Erzählung

 Materialien, die Sie auf der CD-Rom finden

 Die Methode

INHALT

Der gelähmte Mann	Seite	9
Jesus heilt einen Mann am Sabbat	Seite	19
Die Speisung der 5000 Menschen	Seite	29
Die Sturmstillung	Seite	37
Jesus hilft dem Kranken aus Gerasa	Seite	43
Jesus schenkt neues Leben	Seite	53
Bartimäus	Seite	61

Der gelähmte Mann

Die Heilung eines Gelähmten (Markus 2,1-12)

Und nach einigen Tagen ging er wieder nach Kapernaum; und es wurde bekannt, dass er im Hause war. Und es versammelten sich viele, sodass sie nicht Raum hatten, auch nicht draußen vor der Tür; und er sagte ihnen das Wort. Und es kamen einige zu ihm, die brachten einen Gelähmten, von vieren getragen. Und da sie ihn nicht zu ihm bringen konnten wegen der Menge, deckten sie das Dach auf, wo er war, machten ein Loch und ließen das Bett herunter, auf dem der Gelähmte lag. Als nun Jesus ihren Glauben sah, sprach er zu dem Gelähmten: **Mein Sohn, deine Sünden sind dir vergeben.** Es saßen da aber einige Schriftgelehrte und dachten in ihren Herzen: Wie redet der so? Er lästert Gott! Wer kann Sünden vergeben als Gott allein? Und Jesus erkannte sogleich in seinem Geist, dass sie so bei sich selbst dachten, und sprach zu ihnen: Was denkt ihr solches in euren Herzen? Was ist leichter, zu dem Gelähmten zu sagen: Dir sind deine Sünden vergeben, oder zu sagen: Steh auf, nimm dein Bett und geh umher? Damit ihr aber wisst, dass der Menschensohn Vollmacht hat, Sünden zu vergeben auf Erden – sprach er zu dem Gelähmten: Ich sage dir, steh auf, nimm dein Bett und geh heim! Und er stand auf, nahm sein Bett und ging alsbald hinaus vor aller Augen, sodass sie sich alle entsetzten und Gott priesen und sprachen: Wir haben so etwas noch nie gesehen.

Diese Geschichte spielte sich in Kapernaum ab. Dieser Ort heißt auf Deutsch „Dorf des Trösters". Dort lag ein kranker, gelähmter Mann in einer hilflosen und ausweglosen Situation auf einer Decke. Nachdem in einer älteren Testamentsüberlieferung nicht von dem Gelähmten, sondern von dem „Gichtbrüchigen" die Rede ist, kann man wohl davon ausgehen, dass der Mann vor seiner Erkrankung durchaus schon in der Lage war, zu laufen, dass er ein anderes Leben bereits kennen gelernt hatte. Vielleicht kannte er auch seine vier Freunde bereits aus gesunden Zeiten? Zeiten, an die er sich inzwischen nur noch erinnern konnte. Er wusste also wahrscheinlich, wie das Leben aussehen konnte, wie es war, ohne fremde Hilfe auszukommen, alleine zur Toilette zu gehen, seinen Lebensunterhalt selbst zu bestreiten, Freundschaften zu pflegen ... Aber der gelähmte Mann hatte seine Gesundheit eingebüßt. Doch durch die Krankheit verlor er mehr als nur seine Gesundheit: Seinen Arbeitsplatz, seinen gewohnten Lebensstandard, seine Unabhängigkeit - wahrscheinlich noch viel mehr!

Doch dieser Mann hatte Freunde, die sich für ihn einsetzten und ihm helfen wollten, über alle Widerstände und Hindernisse hinweg. Sie hatten ein gemeinsames Ziel, und das war Jesus.

Als sich das Dach öffnete und Jesus nach oben blickte, sah dieser alles was wichtig war. Er sah es, erkannte es, wusste es. Er erkannte den Glauben dieser vier Freunde. Er spürte, dass hier ein Freundschaftsdienst geschah, der etwas Besonderes war –„ getragen vom Glauben".

Und Jesus heilte nicht zuerst den Körper des kranken Mannes. Es ging ihm in erster Linie nicht um die Körperlichkeit – nein es ging ihm um die Seele. „Mein Sohn, dir sind deine Sünden vergeben!" Das war die Besonderheit an Jesus, er sah nicht das, was für die Augen offensichtlich war. Er sah nicht den gelähmten, ärmlich gekleideten Mann vor sich. Nein, Jesus sah ins Herz. Er erkannte, dass der Mann eine Last auf seiner Seele trug. Und die wollte er ihm abnehmen. Das war Jesus wichtig.

Doch dann kamen auch noch die Schriftgelehrten ins Spiel. Sie waren erstaunt und auch verärgert über das, was Jesus tat. Sündenvergebung! Darf das nicht nur Gott alleine? Hier reagierte Jesus ruhig und verständnisvoll. Er sah, was die Schriftgelehrten bewegte, was sie beschäftigte und er überging ihre Gefühle nicht. Er machte nicht einfach weiter, sondern er nahm die Menschen ernst, auch mit ihrer Kritik und sprach es an, was er erkannte. Er scheute den Konflikt nicht und sagte offen, was er darüber dachte.

Und erst in zweiter Linie verhalf Jesus dem Gelähmten nun auch zu körperlicher Gesundheit. Der Gelähmte nahm sein Bett und ging heim.

Drei Stichpunkte möchte ich herausgreifen: Freundschaft, Gesundheit , Glaube

Freundschaft:
Diese Geschichte ist für mich eine Geschichte über eine tiefe, ehrliche Freundschaft. Eine Freundschaft, die Schwierigkeiten, Krankheit, Traurigkeit, Last und Frust aushält. Beneidenswert!

Gesundheit:
Häufig werden Wünsche in unserer Gesellschaft so hoch gesteckt. Man wünscht sich finanzielle Unabhängigkeit, Freiheit, unbegrenzte Möglichkeiten. Trotzdem ist uns bewusst – vor allem wird es uns dann bewusst, wenn wir es für einige Zeit verlieren - dass unsere Gesundheit unser höchstes

Gut ist.

Der gelähmte Mann befand sich in einer Situation, die in unseren Augen ausweglos erscheint, vielleicht sogar nicht lebenswert? ABER er hatte Freunde, und bereits an dieser Stelle der Geschichte scheint das Leben schon nicht mehr so hoffnungslos. Was macht uns außer Krankheit und Hilflosigkeit noch Angst? Eine meist gefürchtete Angst ist sicherlich die Einsamkeit. Die Angst, ganz alleine dazustehen, nicht mehr vom Fleck zu kommen und dabei den anderen Menschen egal zu sein. Und genauso erging es den meisten Kranken zur damaligen Zeit. Sie waren ausgegrenzt von dem Leben der „Gesunden", lagen vor den Stadttoren und hatten keine Freunde. So sah ihr Leben aus. Aber so war es bei diesem gelähmten Mann nicht. Er hatte Freunde, die bei ihm blieben und ihm Halt gaben, die sich Gedanken machten und einen Plan entwickelten, um ihm zu helfen.

Glaube:

Es ist eine Geschichte über den tiefen Glauben der Männer. Vielleicht hat der Glaube die Männer so zusammen geschweißt. Vielleicht war nur deshalb diese lange, tiefe Freundschaft möglich, die alles ertrug, weil sie so fest im Glauben zusammen standen.

Und es ist Jesus selbst, der mich berührt, weil er alle Nöte der Menschen um sich herum sieht und erkennt. Er sieht die Freunde oben auf dem Dach, er sieht den Gelähmten in seiner Decke und er sieht die Schriftgelehrten mit ihrer Kritik. Und auf alle reagiert er. Er nimmt sie wahr und weiß, was zu tun ist. Jesus ist Gottes Sohn. Und das erkenne ich nicht an den Worten „Steh auf, nimm dein Bett und geh heim", nein, es liegt an der Art und Weise wie er es tut und welchen Blick er dabei auf die Menschen hat. Offen, wahrnehmend und wertschätzend für alle.

 **Erzählen mit Legosteinen**

Vorbereitende Tätigkeiten:
Die Situation des Hauses mit dem flachen Dach lässt sich ganz einfach mit Legosteinen nachbauen. Auch die Außentreppe ist vom Aufbau kein Problem. Die Kinder können bereits hier mithelfen. Dadurch, dass die Figuren fest auf die Grundplatte gesteckt werden können, sind auch die baulichen Veränderungen beim Dach abdecken, ohne „Unfälle" und ständiges Umwerfen der Figuren zu bewältigen.

Material:
Legosteine zum Aufbau eines Hauses, Grundplatten für das Fundament und das Dach des Hauses, viele Legomännchen, und eine Filzdecke, die idealerweise an zwei Stangen befestigt wird, und die die Legomännchen dann tragen können.

Vorteile der Methode:
Der Aufwand für diese Erzählmethode ist sehr gering. Sie entsteht praktisch aus der Spielsituation der Kinder heraus. Die Geschichte kann auf dem Fußboden oder auf einem Tisch erzählt werden. Sie eignet sich allerdings nur für kleine Gruppen. Es könnten aber auch szenische Bilder von den Darstellungen gemacht werden und dann über den Beamer gezeigt werden.
Wenn nur wenige Kinder zuhören, können diese auch gut in die Erzählung mit einbezogen werden. So können sie beim Abdecken des Daches helfen oder ein Legomännchen bewegen, während es zum Haus geht, die Treppe hoch steigt oder den Gelähmten an Schnüren zu Jesus hinunter lässt.

ERZÄHLUNG

Hier auf dieser Decke liegt ein Mann. Er liegt schon seit vielen Jahren dort. Er kann sich nicht bewegen und nicht laufen. Er ist gelähmt. Tag und Nacht liegt er dort. Das macht den Mann traurig. Heute hört er, wie sein Nachbar an seinem Haus vorbei und zur Arbeit geht. So gerne würde er auch etwas Nützliches machen und Geld verdienen. Stattdessen liegt er immer hier auf dieser Decke. Der Mann wünscht sich so sehr, dass er eines Tages einfach aufstehen, sich selbst anziehen, gehen, laufen, springen und hüpfen kann. Er möchte einkaufen gehen, tanzen und rennen, aber all das kann er nicht. Er kann nur hier auf der Decke liegen und warten. Vielleicht hat er heute Glück und seine Freunde kommen bei ihm vorbei. Manchmal fällt dem Mann die Decke auf den Kopf. Er weiß gar nicht mehr, was er machen soll, worüber er nachdenken soll. Er kann ja nichts erleben, nicht mit Freunden weggehen, nicht mit dem Hund rausgehen, er kann immer nur hier liegen. Der Mann ist oft sehr traurig.

Aber zum Glück hört er jetzt Schritte. Es hört sich so an, als würden nun endlich seine Freunde zu Besuch kommen. Und tatsächlich steckt der erste den Kopf durch die Türe. Ein Lächeln huscht über das Gesicht des Mannes. Wie schön, dass er jetzt nicht mehr alleine ist, dass er ein paar Stunden genießen kann, wenn seine Freunde bei ihm zu Besuch sind. „Stell Dir vor", ruft sein Freund. „Hast Du es schon gehört?!" ruft der andere, „Jesus ist in der Stadt! Jesus aus Nazareth. Derjenige, von dem sie sagen, dass er der Sohn Gottes ist. Dass er Wunder tut!". „Aber halt, erstmal langsam. Setzt Euch zu mir, und erzählt mir die Geschichte von diesem Jesus!", sagt der gelähmte Mann.

Und die vier Freunde des Mannes kommen in das Haus und setzen sich zu ihm. Wie so oft sitzen sie hier beisammen und erzählen ihm, von ihrer Arbeit, von ihren Familien und von ihren Erlebnissen. Jetzt fängt der eine Freund nochmal zu erzählen an: „Jesus ist im Dorf.

Er ist dort in einem Haus. Viele Menschen haben sich schon versammelt, um Jesus zu hören und ihm nahe zu sein. Er muss toll sein!" „Ich möchte ihn auch sehen!" „Lasst uns doch zusammen hingehen!" „Aber was machen wir mit unserem gelähmten Freund?!" Da schießen dem Mann auf der Decke die Tränen in die Augen. Er kann leider nicht mitkommen. Natürlich nicht. Er kann wieder mal nur auf dieser Decke hier liegen und warten bis die anderen zurückkommen, und ihm erzählen, was da draußen Aufregendes geschah. Doch einer der Freunde sieht, wie traurig ihr Freund geworden ist. „Mensch, ich hab eine tolle Idee! Wir nehmen unseren Freund hier auf der Decke einfach mit zu Jesus. Jesus ist Gottes Sohn. Er tut Wunder. Wenn einer auf dieser Erde unserem Freund hier helfen kann, dann ist es dieser Jesus. Los, lasst uns gehen, jetzt gleich. Wir dürfen keine Zeit verlieren, wer weiß, wie lange Jesus noch bei uns im Ort sein wird."

Und so nehmen die Freunde die Decke des Mannes in die Hand und marschieren los. Der gelähmte Mann weiß gar nicht, wie ihm geschieht. Er kann nichts sehen und spürt nur das Schaukeln der Decke.

Plötzlich hört der Mann Stimmengewirr! „So viele Leute sind vor dem Haus!" „Wir können Jesus gar nicht sehen" „Alles ist voll!" Das ist alles, was der Mann in seiner Decke hören kann. „Und jetzt?!", fragt sich der Mann. „Müssen wir zurück?! Bleibt alles so wie immer? War alles nur ein kleiner Hoffnungsschimmer, ein Traum, der niemals Wahrheit wird?!" Aber jetzt spürt der Mann dass es weiter geht.

Plötzlich sagt ihm ein Freund durch die Decke: „Wir müssen ums Haus herum. Vorne an der Haustür ist alles voller Leute. Vielleicht finden wir hinten einen Zugang!" Die Freunde gehen mit dem Mann um das Haus. Leider können sie keinen zweiten Eingang entdecken.

„Hier ist eine Treppe!" ruft einer der Freunde, „kommt, wir versuchen es über das Dach!" Und bevor irgendjemand was dagegen sagen kann, spürt der gelähmte Mann auch schon, wie er vorsichtig die Treppe nach oben getragen wird.

Aber wie soll es jetzt weiter gehen? Der gelähmte Mann spürt, wie er abgelegt wird. Jetzt kann er wieder etwas sehen. Er sieht direkt in den Himmel. „Wir müssen das Dach aufmachen! Nur so erhalten wir einen Zugang zum Haus! Nur so können wir zu Jesus kommen!" ruft einer der Männer. „ Seht, da vorne könnte es klappen. Da seh ich schon ein kleines Loch im Dach!"

Gesagt, getan. Schnell arbeiten die Freunde, um das Loch im Dach größer zu machen, dann binden sie die Gürtel ihrer Kleidung an die Decke

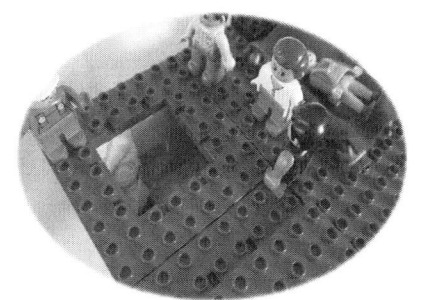

und lassen nun ganz langsam und vorsichtig den gelähmten Mann nach unten, direkt zu Jesu Füßen.

Jesus sieht erstaunt nach oben! „Wer sind die Männer dort oben? Was sind das für tolle Freunde, die sich so um diesen gelähmten Mann kümmern?" Jesus freut sich, dass die Freunde so fest an ihn glauben, und dass sie so sicher sind, dass Jesus ihrem Freund helfen kann. Da sieht Jesus auf den Mann, der direkt vor ihm auf der Decke liegt. Er sieht, was sein Leben dunkel macht, er sieht, was ihn alles bedrückt und traurig macht. Und Jesus sagt zu ihm: „Mein Sohn, deine Sünden sind dir vergeben!"

Der Mann horcht auf. Jesu Worte tun ihm so gut. Er fühlt sich frei und froh, ja sogar glücklich. Er fühlt sich durch die Worte Jesu, Gott so nahe. Es ist schön, dass Jesus so mit ihm spricht. Es ist, als würde eine große Last von seinem Herzen genommen.
Die Menschen im Haus sind sprachlos. Sie können nicht fassen, was hier gerade geschieht. Plötzlich tuscheln die Menschen miteinander: „Jesus verzeiht dem Mann alles was er Böses und Schlimmes getan hat. Darf er das? Darf das nicht nur Gott alleine?!" Jesus spürt, dass die Menschen so denken. Deshalb sagt er zu dem Mann: „Und weil Du nun frei bist, und Dir Gott alles Böse vergibt, deshalb „Steh auf, nimm Deine Decke und geh nach Hause!"

Und der Mann spürt plötzlich Kraft in den Beinen, er steht auf, zuerst noch ganz vorsichtig und langsam, doch dann fühlt er sich immer stärker. Er rollt seine Decke zusammen und hebt sie auf. Er blickt Jesus noch einmal dankbar und mit Freudentränen in den Augen an! Dann geht er. Als er draußen ankommt, sucht er zuerst seine Freunde. Sie haben ihn hierhergebracht, sie haben dafür gesorgt, dass Jesus ihn sieht und für ihn sorgt. Er ist ihnen so dankbar. Das wird er sein Leben lang nicht vergessen, dass Jesus ihn sah und für ihn sorgte.

Rollenspiel:
Diese Geschichte eignet sich wunderbar um nachgespielt zu werden.

Fest feiern:
Gemeinsam könnte ein großes Fest mit den Kindern gefeiert werden, wie es der gelähmte Mann zusammen mit seinen Freunden vielleicht auch getan hat, als er wieder gesund war. Ein Fest aus Dankbarkeit und zur Ehre Gottes.

Pantomime-Spiel:
Den Kindern wird einzeln vor der Türe ein Begriff genannt, den sie dann im großen Kreis den anderen Kindern pantomimisch vormachen dürfen. Dies könnten all die Dinge sein, die der gelähmte Mann getan hat, als er wieder gesund war: laufen, springen, Kuchen backen, Blumen pflücken, Schneeballschlacht, arbeiten, ein Haus bauen, einkaufen, tanzen… Die Kinder im Kreis dürfen so lange raten, bis sie die richtige Lösung herausgefunden haben.

Gottes Liebe ist so wunderbar (Evang. Kindergesangbuch Nr. 146)

Lieber Gott,
manchmal kommt man alleine nicht weiter!
Man braucht Hilfe. Das geht mir oft so, weil ich zu klein oder zu schwach bin.
Dann brauche ich meine Eltern, meine Geschwister oder Freunde.
So wie der Mann heute in der Geschichte.
Dann ist es gut, wenn jemand da ist. Gemeinsam kann man viel mehr schaffen.
Und wenn Du auch noch hilfst, dann wird alles gut.
Amen!

Jesus heilt einen Mann am Sabbat

Die Heilung eines Mannes am Sabbat (Markus 3,1-6)

Und er ging abermals in die Synagoge. Und es war dort ein Mensch, der hatte eine verdorrte Hand. Und sie lauerten darauf, ob er auch am Sabbat ihn heilen würde, damit sie ihn verklagen könnten. Und er sprach zu dem Menschen mit der verdorrten Hand: Tritt hervor!
Und er sprach zu ihnen: Soll man am Sabbat Gutes tun oder Böses tun, Leben erhalten oder töten? Sie aber schwiegen still. Und er sah sie ringsum an mit Zorn und war betrübt über ihr verstocktes Herz und sprach zu dem Menschen: Strecke deine Hand aus! Und er streckte sie aus; und seine Hand wurde gesund. Und die Pharisäer gingen hinaus und hielten alsbald Rat über ihn mit den Anhängern des Herodes, wie sie ihn umbrächten.

Die Besonderheit dieser Geschichte ist nicht die Heilung dieses Mannes. Dass Jesus heilen konnte und dies auch tat, ist in vielen anderen Kapiteln der Bibel beschrieben.
Aber Jesus vollzog diese Heilung an einem Sabbat. Der Tag, an dem es strengstens untersagt war zu arbeiten. Das bezog sich auch auf das Essen beschaffen und Zubereiten. Nur wenige Zeilen vorher (Markus 2,23-28) berichtet Markus in seinem Evangelium davon, welchen Aufruhr es unter den Pharisäern gab, als die Jünger Jesu am Sabbat Ähren vom Feld rissen, die Körner auspulten und sie mit den Händen zerdrückten. Unter den Gesetzesmännern war es ein „No-Go", irgendetwas in dieser Richtung zu tun. Damit verstieß man gegen das damalige Gesetz. Jesus sah dies anders. Für Jesus stand das Wohl der Menschen im Vordergrund. Sei es nun das leibliche Wohl in Form von Essen, oder das gesundheitliche Wohl.

Für uns heute ist es kaum verständlich, dass der Sabbat von so enormer Bedeutung war, dass die Essenszubereitung und die Heilung eines Menschen hinter diesem Gesetz zurückstehen mussten. In einer Zeit, in der jedes Fußballspiel wichtiger ist, als der Gottesdienstbesuch am Sonntag, erscheint dies wenig plausibel. Auch für die Kinder. Und trotzdem halte ich es für nötig, den Kindern davon zu erzählen. Denn im eigentlichen Sinne geht es gar nicht um den Sabbat. Sondern es geht darum, Normen und Regeln einzuhalten, ohne sie zu hinterfragen. Viele Regeln – in der Schule, im gesellschaftlichen Miteinander und auch in der Familie haben jahrzehntelangen Bestand, obwohl sie sich manchmal mit menschlicher Logik nicht vereinbaren lassen. So habe ich vor einiger Zeit gelesen, dass die meisten

Deutschen unter keinen Umständen über eine rote Ampel fahren würden, um einem Notarztwagen, der mit Blaulicht von hinten kommt, Platz zu machen und Durchfahrt zu gewähren, auch dann nicht, wenn die Kreuzung nachweislich frei ist. Da stellt sich mir an dieser Stelle durchaus die Frage, ob die Geschichte bei Markus tatsächlich so weit hergeholt ist. Jesus ließ sich nicht von Gesetzen diktieren. Für ihn stand das menschliche Wohl im Vordergrund. Und es gab nichts, was ihn daran hinderte Barmherzigkeit zu üben und den Menschen zu helfen.

Jesus bewies hier wieder einmal seinen Mut. Schon sehr weit vorne im Evangelium des Markus wird diese Geschichte erzählt. Jesus ging bewusst einen Konflikt mit den Pharisäern ein, denn es wäre durchaus denkbar gewesen, den Mann einen Tag später von seiner „verdorrten" Hand zu heilen. Schließlich war es keine lebensbedrohliche Situation, sondern wahrscheinlich eine Behinderung, die der Mann schon längere Zeit mit sich herumgetragen hatte. Aber Jesus wollte den Menschen zeigen, welche Prioritäten Gott setzt. Gott stellt die Nächstenliebe immer über jegliche Gesetze und so stellte Jesus auch hier wieder die entscheidende Frage: „Soll man am Sabbat Gutes tun oder Böses tun, Leben erhalten oder töten?" Jesus wollte damit ein Zeichen setzen, dass der Sabbat ein Geschenk an die Menschen ist, dass sie an diesem Tage Kräfte sammeln dürfen, sich erholen können und Gottes Schöpfung als Geschenk genießen sollen.

Jesus holte den kranken Mann in die Mitte! Ein Platz, der normalerweise nur für die Aktiven in der Gemeinde vorgesehen war. Behinderte und Kranke bekamen ganz hinten in der Synagoge ihren Platz. Doch Jesus war es wichtig, dass jeder mit eigenen Augen sehen konnte, was es bedeutete, eine „verdorrte" Hand zu haben. Und Jesus war betrübt über ihr verstocktes Herz. Scheinbar konnte auch der Anblick des Kranken und die Verzweiflung in seinem Blick nichts an ihrer Einstellung ändern. Und obwohl Jesus wusste, dass die Menschen Anstoß an seinem Handeln nehmen würden, heilte er die kranke Hand des Mannes.

Für die Kinder ist es wahrscheinlich nicht überraschend, dass Jesus so handelte, wie er es tat. Klar, wenn einer krank ist, dann hilft man ihm. Egal welcher Tag ist. Wenn ein Kind ernsthaft erkrankt ist, wird man auch am Sonntag mit ihm ins Krankenhaus fahren, um ihm zu helfen. Und trotzdem finde ich es wichtig, den Kindern diese Geschichte zu erzählen, weil sie zeigt, dass es immer wichtiger ist, jemand anderem zu helfen, als Regeln und Gesetze einzuhalten. Die Nächstenliebe ist das höchste Gebot.

 **Erzählung mit den Händen**

Um zu verdeutlichen, was die Situation für Jonathan (in der nächsten Geschichte) bedeutet hat, dürfen die Bewegungen von allen Kindern durchgeführt werden, allerdings immer nur mit einer Hand. Die andere Hand muss schlaff am Körper herunterhängen!
Die Erzieherin erzählt die Geschichte und führt eine Bewegung mit der Hand aus. Die Erzählung wird an der Stelle kurz unterbrochen, damit die Kinder die entsprechende Bewegung auch durchführen können. Diese Aktion beruht auf Freiwilligkeit. Die Kinder dürfen mitmachen, müssen aber nicht. Wurde die entsprechende Bewegung durchgeführt, werden die Hände wieder auf die Oberschenkel abgelegt.

Vorteil dieser Methode:
- Die Kinder sind aktiv während der Geschichte beteiligt. Sie können sich in den kranken Mann hineinversetzen und erleben mit, was es bedeutet, eine Hand nicht bewegen zu können.
- Die Erzählung ist ohne Materialaufwand durchzuführen.
- Die Geschichte kann frei erzählt oder abgelesen werden, wenn man dabei beide Hände frei hat. Dazu kann die Erzählvorlage auf einem Notenständer abgelegt werden.

ERZÄHLUNG

Heute erzähle ich euch eine Geschichte von Jonathan.
Ich erzähle euch die Geschichte mit Worten und mit Händen.
Achte gut auf meine Hände.
Sie sagen manchmal mehr als Worte.
Wenn du magst, darfst du mit deinen Händen auch miterzählen.

Jonathan geht es heute nicht gut. Er ist so traurig. Seine Hand ist krank. Er kann sie nicht bewegen, nichts mit ihr tun. Dünn und schlaff hängt sie an ihm herunter. *(Hand schlaff herunter hängen lassen)* Niemals kann er diese Hand bewegen. Und was soll man schon tun, wenn man eine Hand nicht benutzen kann?! So lange er sich zurück erinnern kann, ist das schon so.

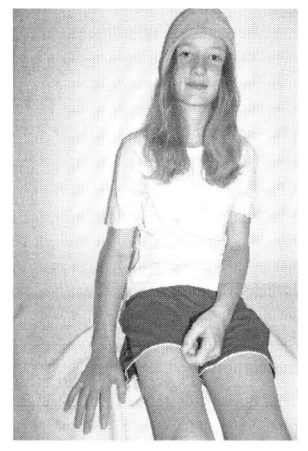

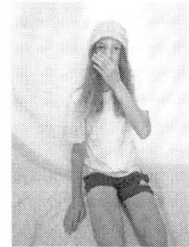

Als er noch kleiner war, ein Kind war, wurde er oft ausgelacht. Die anderen haben hinter seinem Rücken getuschelt *(Hand vor den Mund halten und geheimnisvoll reden)* und wollten nicht mit ihm spielen, weil sie seine Hand so ekelig fanden. Außerdem konnte er bei vielen Dingen nicht mitmachen. Niemals konnte er auf einen Baum klettern *(Kletterbewegungen mit den Armen machen)* oder im See schwimmen *(Schwimmbewegungen machen)*. Immer stand er daneben und musste zusehen.

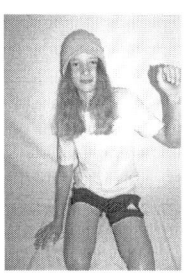

Inzwischen ist er groß und erwachsen geworden. Jonathan ist immer nur zu Hause. Seine Brüder arbeiten auf dem Feld, sie füttern die Kühe und Schweine und sie sorgen für das Essen. Früher hatte er oft versucht, mitzuhelfen, aber inzwischen hat er es aufgegeben. Er kann nicht mehr. Immer zu sehen, dass die anderen alles spielend schaffen, was ihm oft gar nicht gelingt, das will er nicht mehr. Und seinen Schwestern und seiner Mutter kann er auch nicht helfen. Sie nähen die Kleidung für die Familie selbst *(Nähbewegungen ausführen)*. Aber wie soll Jonathan dabei helfen, wenn er nicht mal den Stoff

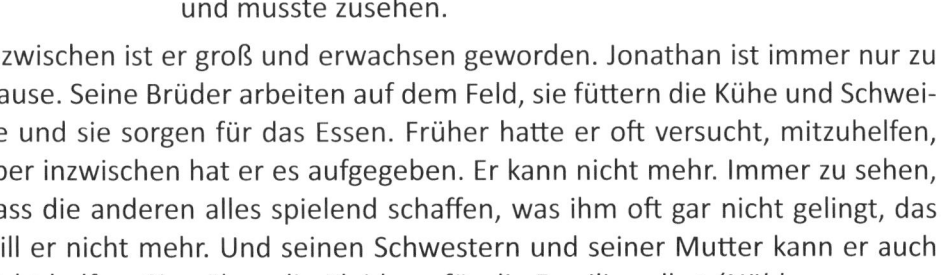

festhalten kann. Wie soll er das Obst schneiden *(Schneidebewegungen machen)*, wenn ihm ständig das Brett darunter weg rutscht. Es macht einfach keinen Sinn für ihn.

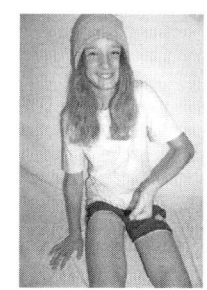

„Aber wie wird es mit mir weitergehen?", diese Frage stellt sich Jonathan ganz oft. Jetzt ist er noch jung und seine Eltern und Geschwister sorgen sich um ihn, aber irgendwann werden sie sicherlich keine Kraft mehr haben, ihn zu versorgen. Und dann, was bleibt ihm dann *(ratlose Handbewegung machen)*? Ein Leben auf der Straße? Wird er betteln müssen, *(offene Hand nach oben halten)* wenn er selbst kein Geld verdienen kann? Alle diese Gedanken machen Jonathan ganz traurig.

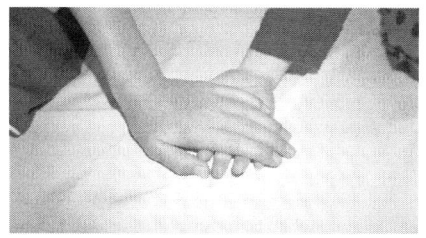

Doch heute ist ein besonderer Tag! Heute ist Sabbat, der Tag an dem Gottesdienst gefeiert wird. Der Tag, an dem niemand etwas arbeitet, an dem die Familie zusammen kommt. *(Mit der gesunden Hand die „kranke" Hand des Nachbarn greifen. Der Nachbar darf die Hand aber nicht bewegen!)*.

Der Tag an dem die Menschen besonders an Gott denken und zu Gott beten *(Hand auf Herz legen)*. Der Sabbat ist ein besonderer Tag und Jonathan freut sich immer darauf, weil er dann nicht den ganzen Tag alleine zu Hause ist.
Heute will Jonathan zum Gottesdienst gehen. Er hat gehört, dass Jesus kommen soll. So viel hat man schon von ihm gehört. Jesus – er soll ein toller Mann sein, viel über Gott wissen und erzählen und sogar manche Menschen gesund machen. Ja, da will er heute hingehen. Vielleicht kann er ein paar gute Gedanken von Jesus mit nach Hause nehmen *(mit der Hand an den Kopf tippen)*. Gedanken, die er braucht, um mit seiner Situation zurecht zu kommen und die ihm helfen weiter zu machen.

Und tatsächlich: Als Jonathan das Haus betritt, in dem der Gottesdienst gefeiert wird, kann er den fremden Mann schon sehen und hören.

Er hört *(Hand an das Ohr legen)*, wie er zu den Menschen spricht. Und plötzlich kommt dieser Mann auf ihn zu. Es sieht so aus, als würde Jesus direkt auf Jonathan zugehen. Aber kann das wahr sein? Ist das wirklich möglich, dass Jesus auf Jonathan schaut? Da spricht Jesus Jonathan an: „Tritt hervor! Komm zu uns nach vorne! Hier in die Mitte!" *(leichte Winkbewegung machen)*

Und Jonathan geht mit Jesus nach vorne. Die Menschen um ihn herum sind sehr still geworden *(Zeigefinger über den Mund legen)*. Sie alle schauen auf die kranke Hand von Jonathan. Und Jonathan ist das peinlich. Er will nicht hier stehen. Er schämt sich ein bisschen! *(Hand vors Gesicht halten)* Alle schauen auf ihn. Das mag er nicht! Doch da beginnt Jesus zu sprechen: „Heute ist Sabbat! Ein besonderer Tag in der Woche! Ein Tag an dem wir an Gott denken! Ein Tag der uns sehr wichtig ist! Ein Tag an dem wir nichts arbeiten sollen. Aber was denkt Ihr, Männer, sollen wir am Sabbat Gutes oder Böses tun? Sollen wir dem Mann helfen oder nicht?!"

Die Männer antworten nicht! Jonathan ist ganz still *(Zeigefinger an den Mund legen)*! Er weiß, dass man heute am Sabbat nichts tun darf, und die Männer in diesem Gotteshaus wissen das auch! Er kann an ihren Blicken sehen, dass es ihnen nicht recht ist! Die Männer wollen, dass Jesus sich an die Gesetze hält.

Die Männer ahnen wohl, dass Jesus Jonathan helfen will und werden immer zorniger und wütender. Sie sagen nichts, aber Jonathan kann es an ihren Blicken genau erkennen.

So als wollen die Männer sagen: „Was bildet sich dieser Jesus ein! Er macht seine eigenen Gesetze! Was glaubt der, wer er ist?!"

Aber Jesus sagt zu Jonathan: „Strecke Deine Hand aus!" Und Jonathan streckt seine Hand aus *(Arm ausstrecken, die Hand hängt schlaff nach unten)*

Plötzlich kann er sie bewegen, jeden einzelnen Finger kann er spüren *(einzelne Finger bewegen)*. Jonathan kann dieses Wunder kaum glauben.

Aber die Männer aus dem Gotteshaus sind richtig sauer *(Hände zu Fäusten ballen)*. Sie gehen hinaus und rufen: „Der darf doch am Sabbat niemanden heilen! Das ist verboten! Wir müssen dafür sorgen, dass Jesus keine verbotenen Dinge mehr tut! Egal wie, aber das müssen wir verhindern!"

Jonathan aber kehrt überglücklich zu seiner Familie nach Hause.

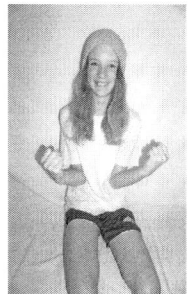

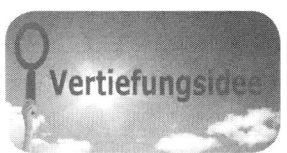

Was man mit seinen Händen alles machen kann

Ein Stichwort wird einem Kind ins Ohr geflüstert, das Kind macht die Bewegungen ohne Worte vor und die anderen Kinder dürfen erraten, um welche Tätigkeit es sich dabei handelt:

Beispiele hierfür finden sich auf kleinen Kärtchen zum Ausdrucken auf der CD-Rom

Alternativ:

Was man an Sonntagen alles machen kann

Auch Beispiele hierfür finden sich auf kleinen Kärtchen zum Ausdrucken auf der CD-Rom

Halte zu mir, guter Gott (Evangelisches Kindergesangbuch Nr. 8)

Lieber Gott,
es ist gut, wenn wir am Sonntag
einfach mal nichts tun.
Auch wir brauchen unsere Ruhe,
um wieder Kräfte zu sammeln.
Aber wenn jemand unsere Hilfe braucht,
dann wollen wir helfen.
Auch wenn es am Sonntag ist,
wenn es nachts ist
oder wenn wir eigentlich
unsere Ruhe haben wollen.
Zeit zum Helfen wollen wir immer haben.
Das ist uns wichtig
und Jesus auch.

Amen!

Kärtchen für Ratespiel zum Ausdrucken (farbig oder grau): Was man mit seinen Händen alles machen kann

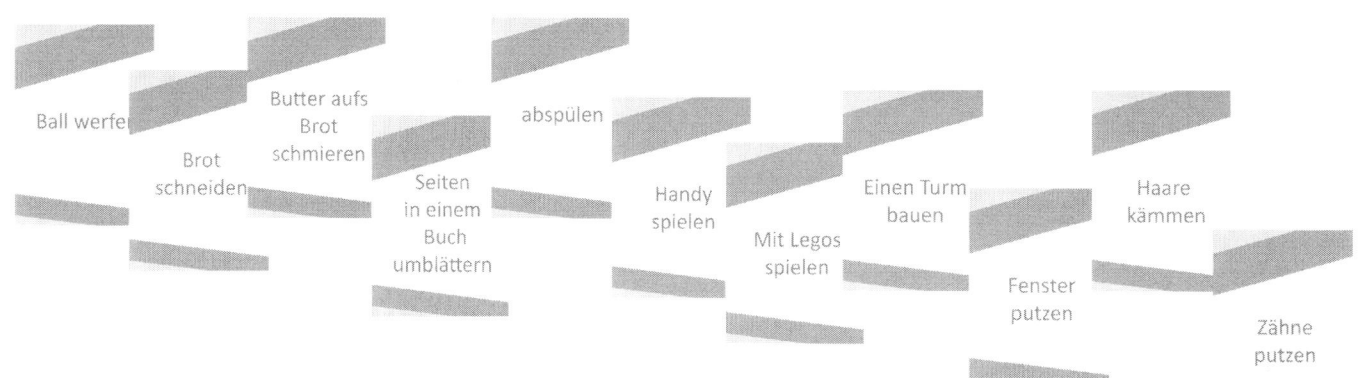

Ball werfen | Brot schneiden | Butter aufs Brot schmieren | Seiten in einem Buch umblättern | abspülen | Handy spielen | Mit Legos spielen | Einen Turm bauen | Fenster putzen | Haare kämmen | Zähne putzen

Kärtchen für Ratespiel: Was man an Sonntagen alles machen kann

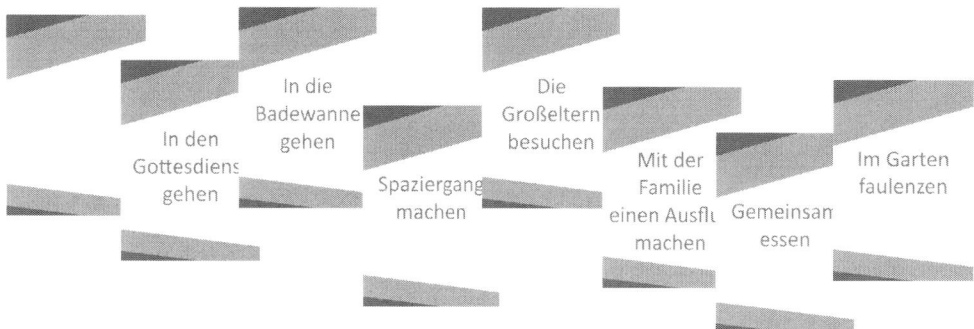

In den Gottesdienst gehen | In die Badewanne gehen | Spaziergang machen | Die Großeltern besuchen | Mit der Familie einen Ausflug machen | Gemeinsam essen | Im Garten faulenzen

Die Speisung der 5000 Menschen

Die Speisung der Fünftausend (Matthäus 14, 13-21)

Als das Jesus hörte, fuhr er von dort weg in einem Boot in eine einsame Gegend allein. Und als das Volk das hörte, folgte es ihm zu Fuß aus den Städten. Und Jesus stieg aus und sah die große Menge; und sie jammerten ihn und er heilte ihre Kranken. Am Abend aber traten seine Jünger zu ihm und sprachen: Die Gegend ist öde und die Nacht bricht herein; lass das Volk gehen, damit sie in die Dörfer gehen und sich zu essen kaufen. Aber Jesus sprach zu ihnen: Es ist nicht nötig, dass sie fortgehen; gebt ihr ihnen zu essen. Sie sprachen zu ihm: Wir haben hier nichts als fünf Brote und zwei Fische. Und er sprach: Bringt sie mir her! Und er ließ das Volk sich auf das Gras lagern und nahm die fünf Brote und die zwei Fische, sah auf zum Himmel, dankte und brach's und gab die Brote den Jüngern, und die Jünger gaben sie dem Volk. Und sie aßen alle und wurden satt und sammelten auf, was an Brocken übrig blieb, zwölf Körbe voll. Die aber gegessen hatten, waren etwa fünftausend Mann, ohne Frauen und Kinder.

Ich möchte das Wunder nicht erklären. Ich will es auch nicht anzweifeln. Ich möchte die Geschichte den Kindern, so reich mit „wundersamen" Momenten erzählen, wie sie in der Bibel aufgeschrieben wurde. Deshalb habe ich mich auch bei meiner Erzählung stark am Bibeltext orientiert. Trotzdem sind mir drei Dinge besonders wichtig, von denen ich mir wünsche, dass sie die Kinder behalten und die deshalb zum Teil auch in den Vertiefungsideen nochmal besonders beachtet werden:
- Jesus möchte seine Ruhe haben. Er sucht die Einsamkeit. Aber er sieht die Menschen, die zu ihm kommen. Er sieht die Nöte und Krankheiten der Menschen. Und es ist ihm nicht egal. Er hat Mitleid mit ihnen und ist bereit auf seine Ruhe zu verzichten, um den Menschen Gutes zu tun. Welcher Akt der Barmherzigkeit.
- Eine Besonderheit der Geschichte ist die Bereitschaft zum Teilen, das Her-geben, wenn man merkt, dass etwas gebraucht wird, dass irgendwo was fehlt und dass es gut und wichtig ist zu geben.
- Und zum anderen möchte ich ein besonderes Augenmerk auf das Dankgebet richten. In einem Lied heißt es „...denn im Danken da liegt Segen..." und genau dies lese ich aus diesen Zeilen heraus. Das Gebet bringt die Rettung. Es tut mir gut und tut den anderen Menschen gut. Es ist wichtig für uns und für unsere Mitmenschen. Deswegen ist es richtig, es so zu tun wie Jesus: Danken wir Gott für unser Brot, auch mit unseren Kindern.

Ein Raunen ging durch die Jüngerschaft als es Abend wurde und sie die Situation realistisch einschätzten. Das Essen würde nicht reichen und die Jünger fühlten sich hilflos und ausgeliefert. Sie sahen eine Bedrohung auf sich zukommen, vielleicht befürchteten sie eine Panik und sie reagierten absolut verständlich: „Lass sie gehen! Wir haben hier nichts!" Aber Jesus wollte nicht, dass sie gingen. Nicht aus diesem Grunde, nicht damit sie etwas zu essen bekämen. Viele rationale Köpfe zweifeln an, ob tatsächlich mit diesen fünf Broten und zwei Fischen 5000 Menschen satt wurden! Vielleicht waren es weitaus weniger Menschen? Vielleicht kam durch die Einsammlung der Speisen doch mehr zusammen als nur zwei Fische und fünf Brote? War es das Dankgebet, das die Menschen letztendlich satt machte?

Für mich persönlich besteht das Wunder darin, dass die Menschen bereit waren, das herzugeben, was sie hatten, dass sie die Bereitschaft hatten zu teilen. Und wahrscheinlich alles auf den Tisch zu legen, bis die Taschen jedes einzelnen leer waren. Ist dies nicht ein Wunder? Wenn Menschen bereit sind, alles zu geben, damit wirklich alle satt werden? Denn obwohl auch heute noch wirklich viele zu Spenden und zum Geben bereit sind, müssen wir uns doch auch eingestehen, dass wir im Endeffekt nur von unserem Überfluss abgeben.

Aber Jesus beließ es nicht dabei, die Gaben einzusammeln und wieder zu verteilen. Nein, Jesus machte etwas Gutes daraus. Er dankte Gott für diese Gaben und erst nach diesem Dankgebet wurden die Speisen verteilt. Er hatte es hingekriegt, dass alle satt wurden und am Ende noch zwölf Körbe übrig blieben. Durch sein Vertrauen in Gott, aber auch in die Menschen, hatte es für alle gereicht. Und ich frage mich, ob es auch heute für alle Menschen reichen würde, wenn wir nur wirklich von Herzen bereit wären, alles zu geben. Dabei Gott für seine Gaben zu danken und voll Vertrauen darauf schauen, dass es für alle reichen würde... Oder ist es eben doch nur eine Geschichte aus einer längst vergangenen Zeit und war dieses Wunder alleine Jesu Werk? Vielleicht sollten wir es doch als wirkliches Wunder anerkennen, dass Jesus damals in der Lage war, 5000 Menschen mit fünf Broten und zwei Fischen satt zu machen!

 **Bilderrolle**

Benötigte Materialien:
2 Rundhölzer oder Besenstil, Tapetenrolle, Klebeband, Farben

Vorbereitende Tätigkeiten:
Am rechten und linken Ende wird die Tapetenrolle mit Klebeband an die Rundstäbe angebracht. Dazwischen werden die einzelnen Szenen der Geschichte gemalt.

Vorteil dieser Methode ist, dass die Erzählung auch vorgelesen werden kann. Die Spannung der Geschichte wird durch das Weiterdrehen und die „Überraschung" des neuen Bildes aufrechterhalten. Durch die Größe der Schriftrolle haben alle Kinder die Möglichkeit die einzelnen Bilder sehr gut zu erkennen.

Nachteil der Methode ist, dass die Herstellung einer Bilderrolle sehr aufwendig ist. Die Geschichte muss in unterschiedliche Szenen aufgeteilt werden. Diese müssen dann aufs Papier gebracht werden.

Wichtig während des Erzählens: Es darf immer nur der Bildabschnitt zu sehen sein, über den gerade erzählt wird.

Aktionen der Kinder: Hier können die Kinder bei der Herstellung der Bilder bereits mit einbezogen werden. Wenn die Bilder vorgezeichnet sind, können die Kinder die Bilder mit Fingerfarben, Wasserfarben oder Wachsmalstiften ausmalen.

Alternativen zu dieser Methode:

- Kurbelkino
- Kniebilderbuch

ERZÄHLUNG

Jesus war mit seinen Freunden auf dem See. Ganz alleine fuhren sie mit dem Boot über den See Genezareth. Vielleicht wollten sie was besprechen oder einfach ihre Ruhe haben.

Aber als Jesus mit seinen Freunden am Ufer mit ihrem Boot ankamen und es an Land zogen, sprach es sich ganz schnell herum, dass Jesus hier war. Zuerst waren es nur wenige, aber dann kamen immer mehr Menschen.

Sie alle wollten Jesus sehen. Sie waren neugierig und wollten hören, was er zu sagen hat. Manche waren auch krank und sie hofften, dass Jesus sie gesund machte. Viele Menschen waren gekommen. Richtig viele. Es war ein richtiger Menschenauflauf. Es waren vielleicht 5000 Leute?! Und alle wollten nur zu Jesus. Und Jesus nahm sich für jeden Zeit. Allen hörte er zu. Manche Menschen heilte er von ihren Krankheiten. Und er erzählte ihnen ganz viel von Gott. Er machte die Menschen glücklich. Die Leute wurden froh, einfach weil er da war. Alle hörten ihm zu - ganz still. Er sagte, dass jeder für Gott viel wert ist, die Großen und die Kleinen.

Als es Abend wurde tuschelten und flüsterten die Freunde von Jesus!

Plötzlich kam einer von den Freunden zu Jesus und sagte zu ihm: „Jesus, die Leute sind schon so lange da. Die kriegen doch jetzt alle Hunger! Schick sie heim! Wir haben nicht so viel Essen dabei!"

Aber Jesus schickte niemanden nach Hause. Er sagte: „Leute, setzt Euch alle zusammen." Und alle Leute, die da waren, setzten sich zusammen. Und Jesus ging umher und fragte die Menschen, was sie zum Essen dabei hatten.

Er sammelte alles zusammen, was ihm die Leute gaben. Es waren fünf Brote und zwei Fische. Jesus legte alles in Körbe. Die Freunde von Jesus waren trotzdem unruhig. Sie sagten: „Das reicht doch nie. Wie sollen wir das gerecht aufteilen?" Aber Jesus war ganz ruhig. Er nahm das Brot in seine Hand, hielt es hoch und dankte Gott für das Brot. Er schickte seine Freunde los, um es den Leuten zu bringen.

Danach nahm er auch den Fisch in seine Hand, hielt ihn hoch und dankte seinem Vater. Er brach ihn auseinander und sagte seinen Freunden: „Bringt den Fisch zu den Leuten!" Er schickte seine Freunde los, damit sie es den Leuten brachten.

Wieder und wieder kamen die Freunde und immer wieder konnten sie noch Brot und Fisch nachholen. Alle Leute wurden satt. Keiner war am Ende noch hungrig. Ganz zum Schluss waren sogar noch zwölf Körbe mit Resten übrig. Es war einfach unglaublich. Da war allen klar, dass Jesus ein ganz besonderer Mensch ist. Er ist Gottes Sohn. Für ihn ist einfach nichts unmöglich. Keiner kann sowas machen. Nur er!

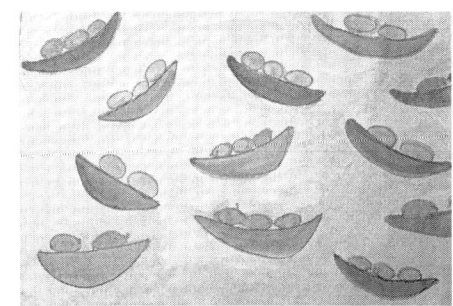

Und glaubt mir, wenn Jesus uns heute hier so sieht, wie wir alle beieinander sitzen und diese Geschichte von ihm erzählen, dann freut er sich riesig. Jesus freut sich nämlich immer, wenn wir an ihn denken.

🌀 „Ja, die Leute damals bei Jesus haben alles geteilt, was sie hatten: Brot und Fisch. Wir haben heute auch Brot und Fisch für Euch dabei und das wollen wir nun auch gemeinsam essen. Jeder darf sich hier was holen und wenn wir alle teilen, dann wird es bestimmt für alle reichen!"
Brot und Fischli (Knabbereien in Form kleiner Fische) werden an die Kinder verteilt!

🌀 Je nach Gegebenheiten könnte im Anschluss der Geschichte ein Augenmerk auf das Tischgebet gelegt werden und ein solches eingeführt werden. „So wie Jesus es tat, wollen wir vor dem Essen Gott für unser Brot danken!"

🌀 Einen Tischgebetswürfel basteln mit unterschiedlichen Tischgebeten - eine Vorlage hierfür findet sich auf der CD-Rom

Der kleine Jonathan (Bibelhits Nr. 78 Kontakte Musikverlag)

Fünf Brote und zwei Fische (Evangelisches Kindergesangbuch Nr. 49)

Sing mit mir ein Halleluja (Meine Lieder, deine Lieder Nr. 79 Hänssler-Verlag)

Lieber Gott,
wie gut, dass wir alle genug zu essen haben. Aber das ist nicht überall so.
Es gibt viele Menschen auf dieser Welt, die Hunger und Durst haben.
Ich wünschte, wir könnten ihnen helfen und ihnen etwas von unserem Essen abgeben.
Lass mich helfen, wo ich helfen kann.
Und sei Du bei den Menschen, die nicht so viel haben, wie wir!
Amen!

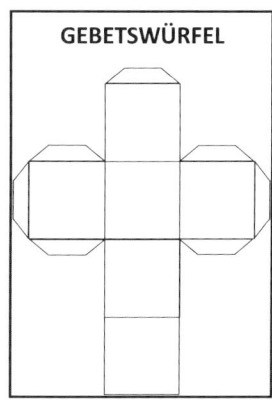
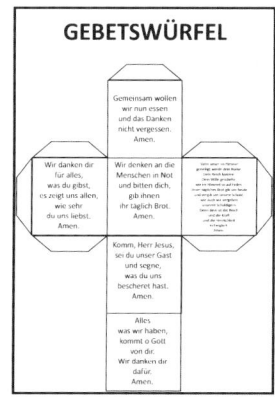

Die Sturmstillung

BIBEL   **Die Stillung des Sturmes (Markus 4,35-41)**

Und am Abend desselben Tages sprach er zu ihnen: Lasst uns hinüberfahren. Und sie ließen das Volk gehen und nahmen ihn mit, wie er im Boot war, und es waren noch andere Boote bei ihm. Und es erhob sich ein großer Windwirbel und die Wellen schlugen in das Boot, sodass das Boot schon voll wurde. Und er war hinten im Boot und schlief auf einem Kissen. Und sie weckten ihn auf und sprachen zu ihm: Meister, fragst du nichts danach, dass wir umkommen? Und er stand auf und bedrohte den Wind und sprach zu dem Meer: Schweig und verstumme! Und der Wind legte sich und es entstand eine große Stille. Und er sprach zu ihnen: Was seid ihr so furchtsam? Habt ihr noch keinen Glauben? Sie aber fürchteten sich sehr und sprachen untereinander: Wer ist der? Auch Wind und Meer sind ihm gehorsam!

WICHTIG

Angst ist ein Gefühl, das Kinder sehr früh in ihrem Leben kennenlernen. Angst vor dem Alleine sein, Angst vor dem Einschlafen, Angst vor der Dunkelheit, Angst davor, dass die Mama oder der Papa weggehen und nicht mehr wiederkommen. Angst ist ein Gefühl, das uns ein ganzes Leben lang begleitet. Deswegen finde ich es auch wichtig, den Kindern genau diese Geschichte zu erzählen. Angst beschränkt sich nicht auf das Kind-Sein. Angst haben auch „große", erwachsene Männer und sie haben diese Angst vor allem dann, wenn Situationen unberechenbar werden, wenn man keinen Einfluss mehr hat und ausgeliefert ist. Und genau dies ist es, was die Jünger erlebten. Sie fühlten sich so klein wie ein Kind – hilflos, ausgeliefert, ängstlich.

Aber sie waren nicht alleine im Boot. Jemand fuhr mit ihnen – und auch mit uns. Es war und ist Jesus. Und die Jünger wendeten sich an ihn. Sie wussten um eine Anlaufstelle. Und Jesus half ihnen – ganz konkret.

Ich wünsche mir, dass während der Erzählung etwas von der Situation der Jünger spürbar wird, dass ihre Angst nachvollziehbar und ihre Verzweiflung erkennbar wird. Und dass die Kinder miterleben können, wie hoffnungsvoll sich die Jünger in ihrer Not an Jesus wendeten, der – für die Jünger völlig unverständlich - hinten im Boot lag und schlief.

Wie gelingt es uns, dass diese Situation für die Kinder nachvollziehbar wird? Es ist ganz wichtig, die Erzählung voller Emotionen zu erzählen. Die Jünger waren bestimmt nicht schüchtern und standen mit leiser Stimme vor Jesus und fragten ganz vorsichtig: „Meister?" Nein, sie schüttelten Jesus voller Panik und Angst, haben ihn gerufen und mit weit aufgerissenen Augen laut geschrien: „Jesus! Meister! Wir müssen sterben! Hilf uns!" Diese Stimmung, die Dramatik der Situation können wir durch unsere Stimme, unsere Mimik und Gestik transportieren. Das ist es, was diese Geschichte ausmacht. Und die Verwunderung als plötzlich alles still wird und die Gefahr vorüber ist, lässt sich ebenfalls durch die Stimme und durch eingesetzte Mimik am besten transportieren.

„Ich kann nicht tiefer fallen als in Gottes Hand". Diese Worte fallen mir bei dieser Geschichte ein. Jeder Mensch muss im Leben Stürme überstehen, er hat Angst, er sieht sich bedroht, fühlt die Gefahr unterzugehen. Wohl kaum ein Mensch, der dieses Gefühl im Laufe seines Lebens nicht kennenlernt. Aber diese Geschichte sagt uns: Egal welche Stürme, welche Schicksale, welches Leiden, welche Angst wir in unserem Leben zu ertragen haben, Jesus ist bei uns. Er lässt uns nicht alleine. Die Stürme des Lebens bleiben uns nicht erspart, auch wenn wir Jesus unseren Freund nennen. Aber wir müssen sie nicht alleine durchstehen. Wir haben jemanden, ein Gegenüber, das wir ansprechen können, das wir anschreien und anklagen können, dem wir unsere Sorgen und Ängste anvertrauen können. Vielleicht haben auch wir manchmal das Gefühl, dass Jesus schläft und nicht ansprechbar ist für uns und unsere Sorgen, aber er ist da! Definitiv! Er hilft uns die Stürme des Lebens zu ertragen und auszuhalten.

Ich weiß nicht, warum Jesus nicht jeden Sturm des Lebens so einfach beendet wie in dieser Geschichte. Manche Stürme lassen uns – gerade im Nachhinein betrachtet - vielleicht reifer und erwachsener werden, manche feinfühliger und bescheidener. Trotzdem habe ich manchmal das Gefühl, dass manche Menschen sehr gebeutelt werden von den Stürmen des Lebens. Vielleicht hilft in dieser Situation nur das Vertrauen: „Dein Wille geschehe!"

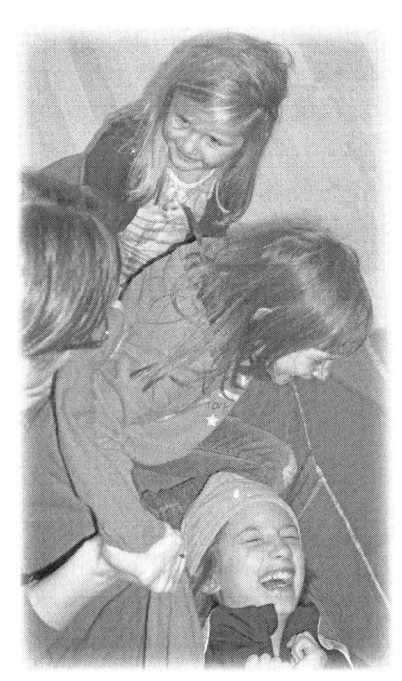

METHODE Mitmachgeschichte

Material:
blaues Bettlaken, Pappkarton (idealerweise in Schiffform)

Vorbereitung:
Ein großes blaues Bettlaken wird ausgebreitet.
Eine große Pappkiste (wenn möglich in Form eines Bootes geklebt) wird in die Mitte gestellt.
Alle Kinder kommen in die Mitte und machen einen Kreis.

Durchführung:
Drei Kinder dürfen in die Pappkiste steigen (Jesus und seine beiden Jünger).
Die Kinder im Kreis nehmen das blaue Bettlaken in die Hand und bewegen es zusammen mit dem Schiff je nach Erzählung.

Weitere Möglichkeit:
Wenn sehr viele Kinder mitmachen wollen, ist es möglich noch einen zweiten Außenkreis zu bilden, und den Kindern im äußeren Kreis die Möglichkeit anzubieten, mit ihrem Körper die Geräusche des Sturmes zu imitieren. Auf bestimmte Stichworte können sie dann Geräusche zu den unterschiedlichen Phasen des Sturmes machen.

ERZÄHLUNG

Heute wollen wir Jesus und seine Jünger auf einer Fahrt über den See begleiten. Jesus hat den Menschen den ganzen Tag Geschichten von Gott erzählt. So viele Menschen waren bei ihm und jeder wollte etwas von ihm wissen. Es war ein anstrengender Tag für ihn. Er ist müde – hundemüde. Er möchte nur noch schlafen. Jetzt ist es Abend und er sagt zu seinen Freunden: „Wir wollen über den See fahren." Sie steigen in das Schiff. *(Drei Kinder, die sich trauen, dürfen in den Karton steigen)*. Die anderen Menschen bleiben zurück *(Die anderen Kinder winken den Dreien im Boot zu)*. Das Boot fährt über den großen See. *(Manche Kinder bewegen langsam das Bettlaken)*. Jesus ist so müde. Er legt sich in das Boot und schläft sofort ein *(ein Kind im Boot legt sich hin und schließt die Augen)*. Auf einmal kommt ein starker Wind. *(Alle Kinder blasen mit aller Kraft in Richtung Boot)*. Er peitscht das Wasser auf *(Die Kinder mit dem Bettlaken bewegen dieses kräftig)*. Überall sind hohe Wellen. Die Wellen werden gefährlich. Das Schiff wird hin und her geschleudert *(ein Mitarbeiter ruckelt und zieht kräftig an dem Boot)*.
Die Wellen schlagen ins Schiff. Jesus schläft ganz ruhig.
Die Jünger haben große Angst *(Die zwei Kinder im Boot klammern sich aneinander.)*. Sie gehen zu Jesus und wecken ihn auf. *(Das tun sie)*
Sie rufen laut, ja sie schreien fast: „Herr, hilf! Wir gehen unter!"
Jesus richtet sich auf. *(Der Jesus steht auf)*. Er sagt: „Warum habt ihr Angst? Ich bin doch da!"
Jesus blickt auf die tobenden Wellen. Er ruft dem Wind und den Wellen zu: „Schweigt jetzt! Seid still!"
Da wird es ganz still. Der See liegt ruhig da. *(Das Bettlaken wird ganz ruhig abgelegt)*.
Die Freunde von Jesus erschrecken. Sie sagen: „So mächtig ist Jesus! Er spricht nur ein Wort – und dann gehorchen ihm Wind und Wellen!" Der See bleibt still. Das Schiff fährt ruhig weiter.

Vertiefungsidee

Bastelidee:
Selbstgebastelte Papierschiffchen, die die Kinder zu Hause in einer Wanne schwimmen lassen können.

Vertiefendes Gespräch:
Kurzes Gespräch mit den Kindern:
„Manchmal haben wir Angst. Wovor habt Ihr Kinder Angst?"
„Z. B. vor Gewitter, vor Spinnen, vor der Dunkelheit..." (Diese Stichpunkte nur geben, wenn von den Kindern selbst nichts kommt...) Zeit für die Antwort lassen.
„Was können wir tun, wenn wir Angst haben?" – Antworten der Kinder abwarten
„Z. B. Singen, um Hilfe rufen, zu jemand rennen, schreien, Hilfe holen, beten..."
Abschließender Gedanke:
„Aber wir sind nicht allein mit unserer Angst. Meist ist Mama oder Papa bei uns. Und selbst wenn Mama oder Papa einmal nicht da sind. Jesus ist immer bei uns und passt auf uns auf. Auch wenn wir uns sehr erschrecken und die Angst riesengroß ist, Jesus ist groß und stark, auch wenn wir ihn nicht sehen. Er ist immer bei uns."

Lieder

Das wünsch ich sehr, dass immer einer bei mir wär, der lacht und spricht, fürchte Dich nicht.

(Im Buch "Martin Luther für Kinder" - erhältlich bei didactus, gibt es Bewegungsanregungen zu diesem Lied!)

„Wir sprechen gemeinsam: Lass uns / sie nicht allein!"

Einer:	Manchmal haben wir Angst, wie die Jünger im Boot.
Gemeinsam:	Lass uns nicht allein
Einer:	Manchmal haben unsere Freunde Angst.
Gemeinsam:	Lass sie nicht allein
Einer:	Lieber Gott, denke an alle Menschen und beschütze sie.
Gemeinsam:	Lass sie nicht allein. Amen

Jesus hilft dem Kranken aus Gerasa

Die Heilung des besessenen Geraseners (Markus 5,1-20)

Und sie kamen ans andre Ufer des Sees in die Gegend der Gerasener. Und als er aus dem Boot trat, lief ihm alsbald von den Gräbern her ein Mensch entgegen mit einem unreinen Geist, der hatte seine Wohnung in den Grabhöhlen. Und niemand konnte ihn mehr binden, auch nicht mit Ketten; denn er war oft mit Fesseln und Ketten gebunden gewesen und hatte die Ketten zerrissen und die Fesseln zerrieben; und niemand konnte ihn bändigen.
Und er war allezeit, Tag und Nacht, in den Grabhöhlen und auf den Bergen, schrie und schlug sich mit Steinen. Als er aber Jesus sah von ferne, lief er hinzu und fiel vor ihm nieder und schrie laut: Was willst du von mir, Jesus, du Sohn Gottes, des Allerhöchsten? Ich beschwöre dich bei Gott: Quäle mich nicht! Denn er hatte zu ihm gesagt: Fahre aus, du unreiner Geist, von dem Menschen! Und er fragte ihn: Wie heißt du? Und er sprach: Legion heiße ich; denn wir sind viele. Und er bat Jesus sehr, dass er sie nicht aus der Gegend vertreibe. Es war aber dort an den Bergen eine große Herde Säue auf der Weide. Und die unreinen Geister baten ihn und sprachen: Lass uns in die Säue fahren! Und er erlaubte es ihnen. Da fuhren die unreinen Geister aus und fuhren in die Säue, und die Herde stürmte den Abhang hinunter in den See, etwa zweitausend, und sie ersoffen im See. Und die Sauhirten flohen und verkündeten das in der Stadt und auf dem Lande. Und die Leute gingen hinaus, um zu sehen, was geschehen war, und kamen zu Jesus und sahen den Besessenen, wie er dasaß, bekleidet und vernünftig, den, der die Legion unreiner Geister gehabt hatte; und sie fürchteten sich. Und die es gesehen hatten, erzählten ihnen, was mit dem Besessenen geschehen war und das von den Säuen. Und sie fingen an und baten Jesus, aus ihrem Gebiet fortzugehen. Und als er in das Boot trat, bat ihn der Besessene, dass er bei ihm bleiben dürfe. Aber er ließ es ihm nicht zu, sondern sprach zu ihm: Geh hin in dein Haus zu den Deinen und verkünde ihnen, welch große Wohltat dir der Herr getan und wie er sich deiner erbarmt hat. Und er ging hin und fing an, in den Zehn Städten auszurufen, welch große Wohltat ihm Jesus getan hatte; und jedermann verwunderte sich.

WICHTIG

Zur Zeit Jesu waren die Menschen überzeugt, dass Dämonen, das Böse oder der Teufel von dem Betroffenen Besitz ergriffen hatten, wenn ein Kranker solche Symptome, wie oben in der Geschichte beschrieben, zeigte. Und die Beschreibung, dass Jesus in der Lage war, diese Menschen von dem bösen Geist zu befreien, zeigte seine unglaubliche Macht, die nicht nur über Krankheiten oder Naturgewalten siegen konnte, sondern ebenso über den Teufel oder über böse Geister. Gegen Jesus hatte auch eine böse Macht keine Chance. Dämonenaustreibungen beschreiben also, wenn man so will, einen Machtkampf zwischen Jesus und dem Teufel.

Die Gegner Jesu sahen in diesen Heilungen allerdings eine massive Angriffsfläche und stempelten Jesus als Magier ab. Wer in der Lage war, Dämonen zu vertreiben, musste ihrer Ansicht nach, auch mit dem Teufel unter einer Decke stecken. Und sehr weit hergeholt ist diese Ansicht auch heute nicht. Exorzismen bzw. Teufelsaustreibungen kommen auch heute noch in satanistischen Sekten vor und meiner Meinung nach wird hierbei versucht, das Böse mit dem Bösen zu vertreiben. Es ist also nicht erstaunlich, dass in einer Zeit, in der das Wissen über psychische Krankheiten noch weit geringer war, die Gegner Jesu genau solche Ereignisse hernahmen, um an seiner göttlichen Kraft zu zweifeln und diese Kräfte dem Bösen zuschrieben.

Aber wenn wir diese Geschichte genau ansehen, zeigt sich, mit welchen Mächten Jesus das Böse vertrieb, nämlich ausschließlich mit der guten und barmherzigen Kraft Gottes.

Wenn Sie meine Erzählung mit dem Bibeltext vergleichen, werden Sie feststellen, dass ich das Ereignis, als die unreinen Geister aus dem Mann und in die Herde Säue auf der Weide fuhren und dann im See ertranken, bewusst weggelassen habe. Ich denke, dass es für die Kernaussage der Geschichte nicht wesentlich ist. Der Mann war krank, seelisch krank, und litt enorme Qualen. Das wird in der Geschichte ausführlich geschildert. Die Gesellschaft hatte schreckliche Angst vor dem Mann und wollte nichts mit ihm zu tun haben – auch dies wird thematisiert. Und Jesus hat diesen Mann als Menschen gesehen, indem er ihn nach seinen Namen fragte. Er nahm all das Böse und Schlimme von ihm – wie, ist für mich zweitrangig. Ich habe das Gefühl, dass das Ereignis mit den Schweinen die Kinder nur verwirren würde. Deswegen hab ich es aus der Geschichte herausgelassen.

Hinweis: Ich würde die Geschichte erst ab dem Vorschulalter erzählen!

Es ist lohnenswert, darüber nachzudenken, ob wir den Kindern ausgerechnet diesen Bibeltext erzählen wollen. Und ich bin überzeugt, dass es Geschichten aus der Bibel gibt, die für Kinder geeigneter sind, als diese. Und trotzdem möchte ich die Erzählung hier mit aufnehmen, weil ich denke, dass sie eindrücklich beschreibt, wie Jesus im Umgang mit einer schwer zu fassenden Krankheit handelte. Sicherlich mag es nicht alltäglich sein, dass Kinder mit psychischen Krankheiten konfrontiert werden. Und trotzdem kommt es vor: eine Nachbarin leidet an Depressionen, ein Onkel ist Alkoholiker, der Bruder eines Freundes ist an Schizophrenie erkrankt, oder ein Klassenkamerad erleidet epileptische Anfälle. Alles Krankheiten, die zur Zeit Jesu nicht unbedingt als solche beschrieben wurden, sondern als Zeichen galten, dass der Teufel Besitz von dem Betroffenen genommen hatte.

Sicherlich sind die wissenschaftlichen Erkenntnisse, dass es sich bei solchen Symptomen nicht um Dämonen handelt, sondern um eine psychische Krankheit, hilfreich, den Betroffenen mehr Verständnis entgegenzubringen und ihnen adäquate medizinische Hilfe anzubieten. Trotzdem sind die Empfindungen, die wir bei uns selbst wahrnehmen, wenn wir diesen Erkrankten begegnen, sehr ähnlich, wie sie früher – auch zu Zeiten Jesu – waren: Unsicherheit, Angst, Befremdlichkeit. Wir sind nicht geübt im Umgang mit solchen Erkrankungen und ihren Auswirkungen. Aggressionen, Ungepflegtheit und Gewalt machen uns hilflos und ängstlich, und deshalb meiden wir diese Menschen, vor allem in der Akutphase ihrer Krankheit, wann immer es nur geht.

Sollte nur ein Kind leidvolle Erfahrungen mit einem psychisch Erkrankten in der Familie oder im Bekanntenkreis gemacht haben, ist es umso wichtiger so eine Geschichte zu erzählen. Sie zeigt uns auch heute noch zwei ganz wichtige Dinge auf: Alle Menschen reagieren mit Befremdlichkeit und Angst darauf – nicht nur die Kinder - und zum anderen: Es gibt Heilung. Dies macht Mut und gibt Zuversicht. Deswegen kann es durchaus sinnvoll sein, den Kindern diese Geschichte zu erzählen – allerdings in einer sehr kindgerechten Version. Wichtig ist mir bei der Erzählung, die Krankheit gut zu beschreiben, die Gefühle, die andere Menschen der Gesellschaft dem Kranken entgegenbrachten und den Kontrast aufzuzeigen, wie Jesus mit ihm sprach und ihn heilte.

Wenn Sie der Meinung sind, dass Sie diese Geschichte den Kindern nicht erzählen wollen, so vertrauen Sie Ihrem Gefühl und tun Sie es nicht! Ich finde es sehr wichtig, dass sich der Erzähler mit der Geschichte wohl fühlt und eine Geschichte aus guten Gründen erzählt – oder auch nicht!

METHODE: Erzählung mit Schuhen

Bei der Erzählung von einem „Besessenen" war mir von Anfang an wichtig, dass sich die Methode im Hintergrund halten muss. Deswegen erschien mir eine symbolhafte Methode am sinnvollsten. Durch die Schuhe kann sehr gut zum Ausdruck gebracht werden, dass der Besessene sowohl mit seinem Verhalten als auch mit seinem Aussehen, am Rande der Gesellschaft stand.
Die Personen erhalten hier im buchstäblichen Sinne kein Gesicht, sondern nur Schuhe!
Durch die Schuhe können die Beziehungen der Personen zueinander gut dargestellt werden: Der Mann, der immer unruhig hin und her läuft, zu niemandem dazu gehört. Jesus, der ruhig und jedem Menschen zugewandt „dasteht", Markus, der aus Angst vor dem „Besessenen" zurückweicht….

Materialien:
Rote, weiße, grüne Schuhe und dreckige, kaputte dunkle Schuhe, Fesseln (Seil) und Ketten

Wichtig sind die Farben und Beschaffenheit der Schuhe: Jesus bekommt weiße Schuhe für seine Heilkraft, und Reinheit, als Symbol für das Göttliche. Der „Besessene" bekommt kaputte, dunkle Schuhe, um seine Krankheit, seine dunkle Seele zu symbolisieren, und nach seiner Heilung rote Schuhe, die für Kraft und neue Energie stehen. Und Markus erhält grüne Schuhe, die einerseits für eine gewisse Neutralität stehen und auch die Hoffnung verkörpern, dass Jesus dem Mann vielleicht helfen kann. Diese Symbole spielen für Kinder keine große Rolle und trotzdem lösen Farben Emotionen aus, die hier durchaus mit einfließen dürfen und sollen.

ERZÄHLUNG

Jesus fuhr mit seinen Freunden eines Tages über den See ans andere Ufer.

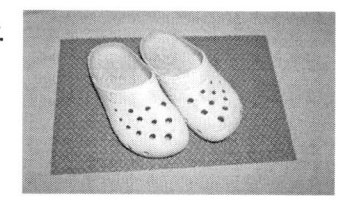

Dieser Mann hat schmutzige und zerfetzte Kleider an, alles hängt in Lumpen an ihm herab. Seine Schuhe sind dreckig und heruntergekommen und es ist fast ein bisschen ekelig, ihn nur anzusehen. Dieser Mann läuft unruhig hin und her. Scheinbar wohnt er in keinem Haus, denn er kommt aus den Bergen, wo es nur Höhlen gibt.

Da kommt Markus zu Jesus.

Markus und Jesus kennen sich schon längere Zeit und Jesus fragt Markus: „Was ist mit diesem Mann?"

„Oh Jesus", sagt Markus, „um diesen Mann steht es schlimm. Er macht uns allen Angst. Er ist schrecklich. Er schreit ganz laut! Er schlägt um sich! Es ist als hätte er sich selbst nicht im Griff! Manchmal scheint es so, als würden viele Menschen gleichzeitig aus ihm heraus reden."

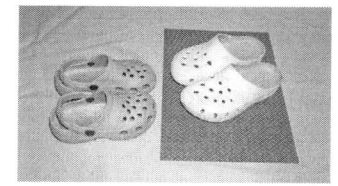

Aber Jesus will mehr wissen: „Warum ist er denn so, wie er ist?"

Markus antwortet: „Das weiß keiner! Manche sagen er ist krank! Ein anderer hat gesagt, dass er irre ist! Wieder ein anderer sagt, dass er einen bösen Geist in sich hat! Einmal hab ich mit jemanden gesprochen, der hat gesagt, dass dieser Mann einfach nur böse ist! Ich weiß es nicht Jesus! Ich weiß nur, dass der Mann keine Freunde hat! Ich weiß nicht mal, wie er heißt. Niemand kann ihn leiden! Jeder geht ihm nur aus dem Wege!"

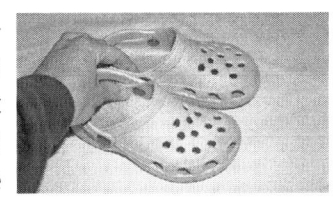

Aber Jesus gibt nicht auf: „Habt ihr denn nicht versucht, diesem armen Mann zu helfen?"

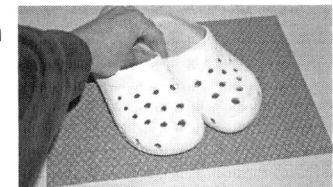

„Doch, Jesus, natürlich haben wir versucht ihm zu helfen! Einmal ging es diesem Mann so schlecht, dass er sogar versucht hat, sich mit Steinen zu schlagen! Da haben wir ihn mit Ketten und Fesseln festgebunden und wollten ihn halten, damit er sich nicht verletzen kann. Aber all das hat nichts gebracht. Er hatte so viel Kraft, dass er die Ketten zerrissen hat und an den Fesseln so lange gerieben hat, bis sie aufgegangen sind. Niemand, kein Mensch konnte ihn bändigen. Er war einfach stärker."

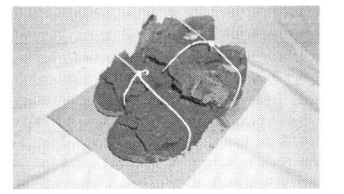

Als der kranke, fremde Mann Jesus erblickt, rennt er direkt auf Jesus zu.

Markus weicht sofort zurück. Er bekommt Angst, als dieser Mann, mit dem bösen Blick auf die beiden zu rennt.

Doch Jesus bleibt ganz ruhig stehen. Der fremde Mann kommt auf Jesus zu und schreit laut: „Jesus, Du Sohn Gottes, des Allerhöchsten! Was willst Du von mir? Bitte quäle mich nicht!"
Markus ist erstaunt. „Woher kennt dieser Mann Jesus? Woher weiß er, dass er der Sohn Gottes ist?" Markus überlegt: „Scheinbar hat der Mann Angst vor Jesus, warum sonst würde er sagen, dass er ihn nicht quälen soll?!"

Jesus fragt den Mann: "Wie heißt Du?" Und der Mann antwortet: "Legion heiße ich; denn in mir sind viele!"
"Was für eine komische Antwort!", denkt Markus. "Was das wohl bedeutet: Wir sind viele?"

Aber Jesus spricht zu dem Mann: „Alles Schlimme und Böse soll von Dir gehen. Weg damit! Du sollst frei sein!" Und Markus kann es fast spüren, wie etwas Schlimmes von dem Mann verschwindet. Plötzlich wirkt er wie befreit. Alles Böse scheint weggenommen zu sein. Sein Körper richtet sich auf, seine Stimme ist klarer, sein Gesicht wirkt viel freundlicher.

Als Markus das sieht, geht er erstmal nach Hause. Er kann gar nicht glauben, was er da gesehen hat. „Was hat Jesus nur für eine Macht, dass er eine so schlimme Krankheit, so viel Böses, das in dem Manne war, mit ganz wenigen Worten, wegnehmen kann?", denkt er immer und immer wieder.

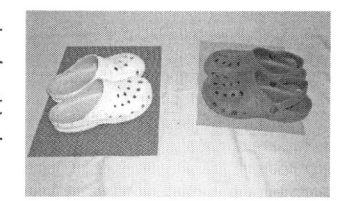

Aber wer kann wissen, wie es dem Mann nun geht. Vielleicht ist das Böse zurückgekehrt und es geht ihm nun noch schlechter. Markus will unbedingt wissen, wie es dem Mann, nun, nach ein paar Tagen geht. Deshalb macht er sich auf den Weg hinauf zu den Höhlen in den Bergen.
Schon von weitem kann er zwei Männer in den Bergen sitzen sehen. Der eine ist Jesus, das ist ihm schnell klar, aber wer ist der andere? Er sieht irgendwie verändert aus! Wer ist dieser Mann bei Jesus?

Als Markus näher kommt, kann er seinen Augen kaum trauen. Da sitzt Legion ganz ruhig zusammen mit Jesus auf zwei Steinen und sie unterhalten sich. Der Mann schreit nicht, er schlägt nicht wild um sich, nein er sitzt da, ruhig und vernünftig. Und er hat gute Kleider an und ordentliche Schuhe. Markus denkt bei sich: „Der sieht ja aus, wie ein ganz normaler Mensch!" Da hört Markus wie Legion ihn bittet: „Bitte, Jesus, ich möchte bei dir bleiben! Du hast mir so sehr geholfen und mir Gutes getan. Ich möchte nicht wieder ohne Dich sein!"

Aber Jesus sagt: „Geh zurück zu Deiner Familie. Sie werden sehr froh sein, dass Du wieder gesund und frei bist. Sie haben sich sicher all die Jahre, als Du so krank warst, schreckliche Sorgen um Dich gemacht. Jetzt, da Du gesund bist, sollst Du bei ihnen sein. Sag Deiner Familie, was für ein Wunder Du erlebt hast und was Gott der Herr Großartiges an Dir getan hat."

Und der Mann geht in seine Stadt zurück und erzählt allen Menschen, was Jesus ihm Gutes getan hat. Und als es alle in seiner Stadt wissen, geht er weiter und lobt Jesus und erzählt auch dort, was er Großes und Gutes erlebt hat.

Viele Menschen staunen darüber, was Jesus tun kann und wie viel Macht er hat.

Vertiefungsidee

Wahrnehmungsübung:
Ein freiwilliges Kind liegt mit dem Bauch auf dem Boden. Die Erzieherin und ein anderes Kind drücken das Kind (mit Gefühl) mit Armen und Händen auf den Boden. Und plötzlich lassen sie das Kind los und geben es frei! Das Kind darf erzählen, wie es sich angefühlt hat, mit dem Druck von außen auf dem Boden zu liegen und dann plötzlich frei zu sein.

Lieder

Ich lobe meinen Gott, der aus der Tiefe mich holt, damit ich lebe (Evang. Kindergesangbuch, Nr. 112)

Guter Gott,
heute haben wir eine Geschichte gehört,
die uns am Anfang Angst gemacht hat.
Da war ein Mann, der sich ganz merkwürdig verhalten hat.
Er schrie herum, hat sich mit Steinen wehgetan
und keinen Menschen hatte er zum Freund.
Aber Jesus hatte keine Angst vor ihm.
Jesus konnte ihm helfen. Er wurde wieder gesund.
Jesus ist so stark und mächtig. Das macht mir Mut.
Amen!

Jesus schenkt neues Leben

Die Auferweckung der Tochter des Jaïrus (Markus 5,21-24 und 35-43)

Und als Jesus wieder herübergefahren war im Boot, versammelte sich eine große Menge bei ihm, und er war am See. Da kam einer von den Vorstehern der Synagoge, mit Namen Jaïrus. Und als er Jesus sah, fiel er ihm zu Füßen und bat ihn sehr und sprach: Meine Tochter liegt in den letzten Zügen; komm doch und lege deine Hände auf sie, damit sie gesund werde und lebe. Und er ging hin mit ihm. Und es folgte ihm eine große Menge und sie umdrängten ihn.

Als er noch so redete, kamen einige aus dem Hause des Vorstehers der Synagoge und sprachen: Deine Tochter ist gestorben; was bemühst du weiter den Meister? Jesus aber hörte mit an, was gesagt wurde, und sprach zu dem Vorsteher: Fürchte dich nicht, glaube nur! Und er ließ niemanden mit sich gehen als Petrus und Jakobus und Johannes, den Bruder des Jakobus. Und sie kamen in das Haus des Vorstehers, und er sah das Getümmel und wie sehr sie weinten und heulten. Und er ging hinein und sprach zu ihnen: Was lärmt und weint ihr? Das Kind ist nicht gestorben, sondern es schläft. Und sie verlachten ihn. Er aber trieb sie alle hinaus und nahm mit sich den Vater des Kindes und die Mutter und die bei ihm waren und ging hinein, wo das Kind lag, und ergriff das Kind bei der Hand und sprach zu ihm: Talita kum! – das heißt übersetzt: Mädchen, ich sage dir, steh auf! Und sogleich stand das Mädchen auf und ging umher; es war aber zwölf Jahre alt. Und sie entsetzten sich sogleich über die Maßen. Und er gebot ihnen streng, dass es niemand wissen sollte, und sagte, sie sollten ihr zu essen geben.

WICHTIG

An dieser Geschichte verspüre ich immer Zweifel in mir, ob ich sie wirklich den Kindern erzählen möchte. Dies hat mehrere Gründe:

Zum einen befürchte ich immer die anschließende Frage der Kinder, die vielleicht kommen könnte: „Mein Opa (meine Mama oder mein Bruder) ist auch gestorben! Warum hat Jesus ihn nicht wieder aufgeweckt?!" Und ehrlicherweise kann ich darauf nur antworten: „Ich weiß es nicht!"

Äußerst schwierig halte ich in diesem Zusammenhang folgende Äußerungen: „Jesus hatte dieses Mädchen sehr lieb!" „Er wollte nicht, dass der Vater so traurig ist!" Dies würde im Umkehrschluss beinhalten, dass jeder andere Mensch, der gestorben ist, nicht genug von Jesus geliebt würde, oder dass die Traurigkeit von Angehörigen Jesus egal ist. Fakt ist, dass wir nicht wissen, warum Jesus das Mädchen vom Tode auferweckte oder warum er manche Kranke heilte, und auf der anderen Seite viel Leid auf dieser Welt zulässt.

Zum anderen habe ich Sorge, in den Kindern die Hoffnung zu wecken, dass der Tod nicht so endgültig ist, wie er eben in unserem realen Leben hier auf Erden tatsächlich ist. Wenn jemand gestorben ist, müssen wir uns – und auch die Kinder – mit der Tatsache auseinandersetzen, dass der geliebte Tote nie mehr aufwachen wird, dass er nie mehr herum laufen wird, dass wir ihm nie wieder etwas zu essen geben können, dass wir keinerlei Sorge mehr für ihn tragen brauchen. Vielleicht haben die Kinder nach der Geschichte doch das Gefühl, dass der Tod nicht mehr als ein Schlaf ist und dass man mit guten Gedanken, Glaube und Liebe den Tod besiegen kann? Hier ist es ganz wichtig, im anschließenden Gespräch auf die Realität des Todes einzugehen. Z. B. können Sätze helfen, wie „Jesus hatte eine unvorstellbare Kraft! Diese Kraft hatte nur er!"

Der dritte Grund, warum ich mich etwas scheue, diese Geschichte zu erzählen, ist der letzte Satz der Bibelstelle: „Und er gebot ihnen streng, dass es niemand wissen sollte!"

Eines ist sicher: wenn die Jünger so schweigsam gewesen wären, wie ihnen aufgetragen wurde, dann würde die Geschichte kaum in der Bibel stehen. Und sie würde nicht bis heute weitererzählt werden. Setze ich mich also Jesu Bitte entgegen, wenn ich die Geschichte heute weiter erzähle?!

Diese Fragen müssen Sie für sich selbst beantworten.

Ich möchte Ihnen aber verraten, warum ich diese Erzählung trotzdem in mein Buch aufgenommen habe: Jesus gibt uns hier ein Zeichen, dass er stärker ist, als der Tod. Dass der Tod nicht das Ende bedeutet. Dass es weiter geht, dass es Hoffnung gibt – auch über den Tod hinaus. Jesus lässt uns nicht alleine. Er sieht die Trauernden in ihrer Not, er ist bei den Menschen in ihrem Leid und auch über den Tod hinaus ist er bei ihnen und sorgt sich um sie. Diese Erkenntnis gibt Trost. Auch wenn Jesus unsere Toten im Hier und Jetzt nicht auferweckt, so zeigt die Geschichte, dass Jesus stärker ist, als es der Tod jemals sein kann. Warum sollten unsere Kinder nicht davon erfahren!?

Wichtig ist, dass wir die Bereitschaft zeigen, hinterher mit ihnen über ihre Fragen zu sprechen und zwar offen und ehrlich. Ich finde es wichtig, keine falschen Hoffnungen („Der Opa schläft nur!") zu wecken, sondern eine klare und ehrliche Sprache in Bezug auf den Tod zu finden („Aber ich glaube fest, dass auch Jesus bei mir sein wird, wenn ich gestorben bin und er sich um mich kümmert").

Der Tod, der Schmerz, die Traurigkeit gehören zum Leben dazu, auch zum Leben der Kinder. Wir dürfen diese Themen nicht ausklammern, sondern müssen sie mithineinnehmen in unseren Alltag und in unsere Geschichtenwelt. Denn genau diese Geschichten bieten Anlass mit den Kindern darüber ins Gespräch zu kommen.

METHODE   **Erzählung mit Bodenbild**

Begleitend zur Erzählung werden unterschiedlich farbige Tücher zu einem Bodenbild aufgelegt. Die Tücher stellen zum einen ein landschaftliches Bild dar:

- Das blaue Tuch zeigt das Wasser.
- Das braune Tuch, das Boot, das auf dem Wasser schwimmt.
- Das graue, dunkle Tuch symbolisiert das Haus von Jairus.
- Das braune, dunkle Tuch, zeigt den Weg, den Jairus zu Jesus geht.

Zugleich symbolisieren die farbigen Tücher die Stimmung und Emotionen der Personen:

- Die trübe Stimmung zeigt sich durch das dunkle Tuch, das ausgelegt wird, um den Weg darzustellen, auf dem Jairus zu Jesus eilt: Es ist dunkel, voller Angst, voller Sorge, voller Trauer.

- Als Jairus mit Jesus zurückgeht, wird ein grünes Tuch darüber gelegt, weil Jairus Hoffnung und Glaube in sich trägt, dass Jesus seiner Tochter helfen kann.

- Als die trauernden Menschen aus dem Haus treten, wird ein schwarzes Tuch über das grüne Tuch gelegt, weil in diesem Moment alle Hoffnung zerbricht, als die Frauen verkünden, dass das Mädchen gestorben ist.

- Das blasse Tuch im Haus von Jairus symbolisiert das tote Mädchen; alles Leben ist entwichen.

- Das rote Tuch wird anschließend darüber gelegt und zeigt die Kraft, die nun zum einen in der Handlung liegt, und in der Kraft, die nun wieder in dem Mädchen steckt.

Es war mir wichtig eine Methode zu finden, die zum einen sehr stark in ihrer Symbolik ist und zum anderen das Geschehen miterlebbar und nachvollziehbar werden lässt. Es ist eine Geschichte, die mit sehr viel Ruhe erzählt werden sollte.

ERZÄHLUNG

Ruhig fährt das Boot über den See.

Jesus und seine Freunde genießen die Ruhe sehr. Hier hat er Zeit, um über vieles nachzudenken und mit Gott im Gebet zu sprechen.

Als sie am Ufer ankommen, ziehen die Freunde von Jesus das Boot aufs trockene Land. Und bereits nach kurzer Zeit spricht es sich herum: „Jesus ist hier!"

Plötzlich sieht Jesus, dass sich ein Mann eilig durch die Menschenmenge drängelt. Niemand scheint ihn aufhalten zu können. Er scheint nur ein Ziel zu haben: Jesus! Immer wieder ruft der Mann: „Lasst mich mal durch!" „Macht Platz!" „Ich muss zu Jesus!" Der Mann muss große Sorgen haben, wenn er so schnell zu Jesus will.

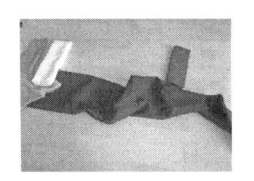

Jetzt steht er hier – dieser Mann – direkt vor Jesus. Jairus heißt er. Sofort fällt er auf den Boden. Verzweiflung und Angst stehen in seinem Gesicht. Eine Träne läuft ihm über seine Wange. Er hebt seine Hände bittend zu Jesus: „Meine kleine Tochter! - Sie ist 12 Jahre alt! - Sie liegt im Sterben!". Der Mann bringt immer nur wenige Worte heraus. „Komm!" spricht er weiter, „Leg ihr die Hände auf, damit sie wieder gesund wird und leben kann!"

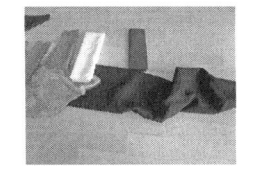

Jesus sieht den Mann an und versteht sofort welche Sorgen und Ängste Jairus quälen. Jesus zögert keinen Moment. Er folgt dem Mann. Aber nicht nur er, noch viele andere Menschen folgen Jairus und Jesus.

Doch auf dem Weg zu Jairus Haus kommen bereits die Leute aus dem Haus und rufen Jairus zu: „Deine Tochter ist gestorben! Du brauchst Jesus nicht mehr zu bemühen! Es ist zu spät!"
Jairus schlägt sich die Hände vors Gesicht und schluchzt laut auf. Er hat es also nicht geschafft! Sein Mädchen ist gestorben und die Hilfe, die er holen wollte, kommt zu spät. Doch plötzlich spürt Jairus eine Hand auf seinen Schultern. Es ist die Hand von Jesus: „Fürchte dich nicht, Jairus! Glaube an mich!"

Und Jesus ruft drei seinen Freunden zu: „Petrus, Jakobus und Johannes - kommt mit mir! Und Du Jairus und deine Frau, ihr begleitet mich ebenfalls!" Als sie an Jairus Haus ankommen, stehen viele Menschen vor der Tür. Es ist ein schreckliches Durcheinander. So viele weinen und schreien, weil das kleine Mädchen gestorben ist!"
Doch Jesus ruft: „Warum weint ihr? Das Kind ist nicht tot! Es schläft!"

Aber die Menschen lachen Jesus aus. Jemand tuschelt: „Wie will er das sagen können, er war doch noch gar nicht bei dem Mädchen! So ein Lügner!" Jesus sieht sich das alles an, dann ruft er: „Geht heim! Ihr alle! Wir möchten alleine sein! Lasst uns in Ruhe!"

Als Jesus mit seinen drei Freunden und den Eltern das Zimmer betritt, ist alles still. Kein Atemzug ist zu hören. Es ist dunkel in dem Raum und mitten im Zimmer liegt das Mädchen auf dem Bett und bewegt sich nicht. Der Mutter des Mädchens laufen still und leise die Tränen über die Wangen. Ihr Mädchen sieht so ruhig und friedlich aus. Jesus geht auf das Bett des Mädchens zu und nimmt vorsichtig ihre leblose Hand, die sich nicht mehr bewegt. Jesus spricht: „Mädchen, steh auf!" und fassungslos sehen Jesu Freunde und die Eltern des Mädchens, wie es sofort vom Bett aufsteht und umhergeht.

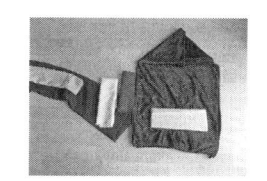

Die Freunde von Jesus flüstern aufgeregt: „Wie ist das möglich?" „Was hat Jesus für eine Kraft?!" „Wie kann jemand, der gestorben ist, wieder aufstehen?"

„Kommt, wir gehen raus und erzählen es allen, was passiert ist!" Aber Jesus sagt: „Stopp! Ich möchte nicht, dass ihr irgendjemandem erzählt, was ihr hier gesehen habt! Das muss unter uns bleiben! Unbedingt! Gebt dem Mädchen lieber etwas zu essen und sorgt gut für sie!" Damit verlässt Jesus das Haus des Jairus.

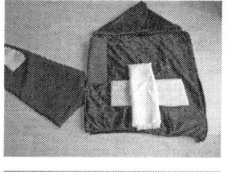

Philosophische Gespräch

„Woran merke ich, dass jemand tot ist?"

Unterschiedliche Gegenstände aus Naturmaterial liegen in der Kreismitte:
Feder, kleine Steine, Schneckenhaus, Regenwurm (im Glas mit Erde), Wurzeln, frische Blumen, verwelkte Blumen, Blätter, Moos, Holzscheiben, brennende Kerze…
Die Kinder dürfen beschreiben, was sie sehen. Vielleicht fallen bereits die Begriffe: „tot" und „lebendig".

- Woran erkenne ich, ob jemand oder etwas tot ist? (Bewegung, Wachstum, Atmung…)

- Lebt die frische Blume noch?

- Was ist der Unterschied zwischen der verwelkten und der frischen Blume?

- Auch die Kerze und das Feuer brauchen Luft, um zu brennen, was ist der Unterschied zu einem Lebewesen?

- Warum fallen wohl jedes Jahr die Blätter von den Bäumen?

- Ist es bei uns Menschen genauso wie in der Natur?

Die Kinder dürfen die Materialien zuordnen: „tot" und „lebendig".

Wichtig:
Auf diese Fragen, gibt es kein „richtig" oder „falsch"! Jede Meinung ist wertvoll und jedes Überlegen und sich Gedanken darüber machen, noch wichtiger. Bitte korrigieren Sie die Ideen der Kinder nicht. Sie sammeln nur deren Ansichten, fragen nach oder geben einzelne weiterführende Impulse.

Lieder

Geh mit Gottes Segen (Evang. Kindergesangbuch Nr. 214)

Lieber Gott,
Du bist immer bei uns – solange wir leben und auch wenn wir sterben.
Das ist gut zu wissen. Daran, dass ich einmal sterben muss, denke ich nicht so gerne.
Und ich denke auch nicht gerne daran, dass vielleicht jemand sterben muss, den ich gerne mag.
Aber auch wenn wir gestorben sind, sagst Du zu uns: „Steh auf! Ich schenke Dir ein neues Leben!"
Wir wissen nicht, wie dieses neue Leben aussieht, aber ich weiß, dass Du auch dann bei mir bist.
Amen!

Material auf CD-Rom

Bildkarten, die Ihnen selbst als Vorlage zum Gestalten des Bodenbildes dienen können oder die Sie - wenn Sie Zeit- oder Platzmangel haben - sogar anstelle eines Bodenbildes im Kamishibai-Erzähltheater einsetzen können.

Bartimäus

Die Heilung eines Blinden bei Jericho (Markus 10, 46-52)

Und sie kamen nach Jericho. Und als er aus Jericho wegging, er und seine Jünger und eine große Menge, da saß ein blinder Bettler am Wege, Bartimäus, der Sohn des Timäus. Und als er hörte, dass es Jesus von Nazareth war, fing er an zu schreien und zu sagen: Jesus, du Sohn Davids, erbarme dich meiner! Und viele fuhren ihn an, er solle still schweigen. Er aber schrie noch viel mehr: Du Sohn Davids, erbarme dich meiner! Und Jesus blieb stehen und sprach: Ruft ihn her! Und sie riefen den Blinden und sprachen zu ihm: Sei getrost, steh auf! Er ruft dich! Da warf er seinen Mantel von sich, sprang auf und kam zu Jesus. Und Jesus antwortete und sprach zu ihm: Was willst du, dass ich für dich tun soll? Der Blinde sprach zu ihm: Rabbuni, dass ich sehend werde. Jesus aber sprach zu ihm: Geh hin, dein Glaube hat dir geholfen. Und sogleich wurde er sehend und folgte ihm nach auf dem Wege.

Blindheit ist etwas, was wir uns als Sehende und auch die Kinder nur sehr abstrakt vorstellen können. Natürlich können wir für kurze Zeit die Augen schließen und „so tun, als ob..." Dafür dienen auch die Vertiefungsideen im Vorfeld und im Anschluss an die Geschichte.
Aber was Blindheit auch in der damaligen Zeit bedeutete, davon haben wir nicht die geringste Ahnung. Blindheit bedeutete ausgegrenzt zu sein von der Gesellschaft, an den Rand gedrängt zu sein, keine Freunde zu haben, wahrscheinlich auch keine Familie, es hieß außen vor der Stadt zu sitzen – ausgeschlossen vom Treiben in der Stadt. Ein Blinder konnte kein Geld verdienen und war immer auf andere und ihre Almosen angewiesen. Es war im wahrsten Sinne des Wortes ein armseliges, hoffnungsloses und dunkles Leben.
Deshalb erzähle ich auch ziemlich ausführlich, wie das Leben des Bartimäus ausgesehen hat, das Betteln, die Arbeitslosigkeit, wie es ist, noch nie den Himmel oder die Bäume gesehen zu haben. Auch durch die Erzähl-Methode soll dies nochmal unterstrichen werden: alles war dunkel und schwarz.
Die Verzweiflung soll auch während der Erzählung nochmal lautstark unterstrichen werden, als Bartimäus ganz laut schrie: „Jesus!" verzweifelt, traurig, laut! Und erst als Jesus in das Leben von Bartimäus eintrat, kam Farbe hinein, veränderte sich etwas – innerlich und äußerlich! Jesus heilte Bartimäus an Leib und Seele. Und mit dieser Heilung hatte alles ein Ende; die Trostlosigkeit, das Leben ohne Freunde, die Dunkelheit, die Mittellosigkeit. Jesus brachte die Wende. Bartimäus erkannte,

dass Jesus die Wendung bedeutete, dass mit ihm alles hell, farbig und hoffnungsvoll werden würde. Deshalb war er bereit, alles liegen zu lassen und mit Jesus zu gehen.

Einen Blick möchte ich noch auf die Menschen in Jesu Umfeld werfen, die sich nach Bartimäus erstem Hilfeschrei erstmal missmutig äußerten. „Viele bedrohten ihn, er solle stillschweigen!" Was könnten Gründe sein, die diese Menschen angetrieben haben, so zu handeln? Vielleicht fühlten sie sich gestört und wollten Jesus ganz für sich haben? Vielleicht wollten sie Jesus vor einem Randalierer schützen? Es könnte sein, dass es ihnen nicht in den Kram passte, dass dieser Blinde so viel Aufmerksamkeit und Zeit auf sich ziehen wollte. Vielleicht hielten sie Bartimäus auch nicht für würdig, in Jesu Bekanntenkreis aufgenommen zu werden. Schließlich war er einer vom Rande der Gesellschaft. Vielleicht wollte die Gruppe auch einfach schnell vorbei eilen, um nach Jerusalem zum Passafest zu kommen, das unmittelbar bevor stand? Oder die Menschen hatten einfach Angst um Bartimäus. Bartimäus hatte der Übersetzung nach gerufen: „Jesu, Du Sohn Davids!" Dieser Ausruf war gefährlich. Die römische Besatzungsmacht reagierte empfindlich auf solche Äußerungen. Es hätte Jesus in Bedrängnis bringen können. Und auch für Bartimäus hätte es gefährlich werden können. Durch diese Anrede offenbarte er, dass er Jesus als den Messias erkannte. Diese Bezeichnung hätte und hat den Römern nicht gefallen. Auch durch solche Äußerungen wurde Jesus relativ schnell als Bedrohung wahrgenommen.

Die Motive über das Verhalten der Menschenmenge bleiben für mich Spekulation. Ich habe sie bewusst nicht in die Geschichte mit aufgenommen. Für die Kinder wird es nicht wichtig sein – sie werden sich ihre „Idee", warum die Menschen so gehandelt haben, selbst „erdenken" und wenn sie nachfragen, können wir gemeinsam darüber nachdenken, warum die Menschen wohl so gehandelt haben.

Immer wieder überrascht mich beim Lesen der Geschichte die Frage von Jesus an Bartimäus: „Was willst Du, dass ich für dich tue!" Ist Jesus das nicht klar? Was wird ein Blinder wollen? Natürlich will er sehen! Wollte er testen, ob der Glaube des Blinden ausreicht, um sich so etwas sagen zu trauen? Etwas Unmögliches zu erbitten? Will Jesus, dass auch wir konkret benennen, was uns am Herzen liegt, was wir uns wünschen? Vielleicht sollten auch wir unsere Bitten nicht hinter den Berg halten, sondern klar sagen, was uns bedrückt und was wir uns von Jesus erwünschen. Und wir sollten dann auf Jesus vertrauen und glauben, dass er selbst am besten weiß, was er uns Gutes tun wird.

Ich bewundere Bartimäus dafür, wie lautstark er sich traut, auf sich aufmerksam zu machen. Er saß dort und war für gewöhnlich bestimmt bemüht, dass niemand über ihn fiel und dass er nicht noch mehr Menschen belastete, als es seine Behinderung eh schon erforderte. Aber als Jesus vorbeikam, trat er aus diesem Schattendasein heraus. Er schrie, so laut er nur konnte, weil er wusste und glaubte, dass allein dieser Jesus ihm helfen konnte. Trotzdem scheint es so, als würde Bartimäus kurz der Mut verlassen und ihm Zweifel kommen, als die Männer ihn tatsächlich riefen und ihn zu Jesus bringen wollten. „Sei getrost!" rief einer ihm zu. Vielleicht musste Bartimäus kurz darüber nachdenken, ob er diesen Schritt wirklich wagen wollte. Auch wenn es verheißungsvoll aussehen mochte, war es doch ein Wagnis, diese Dunkelheit zurück zu lassen. Diese Heilung war verbunden mit einem ganz anderen Leben. Sie führte weg von den Stadttoren von Jericho, weg von der Armut, weg von der Hilflosigkeit. Aber dieses Leben im Dunkeln gab ihm auch eine gewisse Sicherheit, Geborgenheit, Regelmäßigkeit. Wie oft sitzen wir im Dunkeln, in ausweglosen Situationen, in unerträglichen Situationen? Und doch wiegen wir uns lieber in der Sicherheit, als wirklich „Ja!" zu einer Veränderung zu sagen. Und so kommt mir der Ausspruch dieses fremden Mannes wie ein Zuspruch vor: „Sei getrost!" Das bedeutet für mich so viel wie „Trau Dich!", „Hab Mut zu dieser Veränderung!" Und ja, es bedeutet für mich auch ein bisschen so etwas wie „Alles wird gut!" Bartimäus hatte Mut! Er wollte die Veränderung! Mit ganzem Herzen! Er warf seine alten Kleider ab, stellte sich vor Jesus und antwortete auf Jesu Frage. Aber damit nicht genug. Er ließ alles zurück und folgte Jesus nach. Bartimäus war zu einer wirklichen Veränderung bereit und sein Glaube hat ihm geholfen.

Meditative Einführung zur Geschichte:
„Kinder, schaut einmal hier im Raum herum. Mit Euren Augen könnt Ihr so viel sehen! Was zum Beispiel?! Macht jetzt die Augen ganz fest zu. Was könnt Ihr jetzt sehen?
Wenn Ihr mit den Augen nichts sehen könnt, dann könnt Ihr vielleicht mit Euren Händen sehen?! Wie geht denn das? Ihr könnt tasten! Versucht jetzt mal, mit Euren Händen vorsichtig das Gesicht von Eurem Nachbarn zu tasten. Aber bitte ganz vorsichtig.
Spürt ihr die Haut? Wo ist denn die Nase im Gesicht?
Jetzt macht Eure Augen wieder auf.
Es gibt Menschen, bei denen ist es immer dunkel. Sie können gar nichts sehen. Niemals! Sie sind blind."

METHODE   **Erzählung auf schwarzem Untergrund**

Material:

- DINA 3 Tonpapier oder –karton in schwarz
- DINA4 Tonpapier in schwarz
- Schere
- Klebeband
- Farbige, dicke Malstifte oder Wachsmalblöcke

Vorbereitung:

Das Motiv des stehenden Bartimäus wird bereits farbig auf das große DINA 3 Tonpapier aufgemalt. Die Umrisse des stehenden Jesus können jetzt mit Bleistift daneben vorgezeichnet werden.
Dann wird das kleine schwarze Tonpapier mit wenigen Klebebandstreifen über dem stehenden Bartimäus befestigt. Auch hier kann der Einfachheit halber der sitzende Bartimäus mit Bleistift bereits vorgezeichnet werden.

Durchführung:

Die Erzählung beginnt bei dem schwarzen Karton. Zuerst wird die Person des sitzenden Bartimäus aufgemalt. Er und sein Leben bleiben im Dunkel, deswegen ist an dieser Stelle das Bild auch absichtlich schwarz gehalten. In dem Moment als Jesus den Bartimäus ruft und dieser aufsteht, um zu Jesus zu gehen, wird das Tonpapier mit dem sitzenden Bartimäus vorsichtig abgenommen und darunter kommt der stehende Bartimäus zum Vorschein.

ERZÄHLUNG

Bartimäus ist blind. Er kann nichts sehen. Bei ihm ist alles schwarz. Immer. So wie auf diesem Papier. Er weiß nicht, wie hoch ein Baum ist, und welche Farbe der Himmel hat. Aber Bartimäus kann fühlen. Er spürt die Wärme der Sonne und wie weich das Fell einer Katze ist. Und Bartimäus kann hören. Er hört, wie ein Hund bellt, und wenn die Menschen an ihm vorbei gehen.
Bartimäus kann nicht arbeiten. Es gibt keine Arbeit für ihn, weil er nichts sehen kann.

Aber er geht jeden Tag von seinem zu Hause mit seinem Blindenstock hierher. Mit dem Blindenstock fühlt sich Bartimäus sicher. Durch den Stock kann er fühlen, ob auf dem Weg ein Stein liegt, oder wo es matschig auf dem Weg wird.

Bartimäus kommt jeden Tag hierher vor die Stadttore von Jericho. Hier setzt er sich auf den Boden und passt auf, dass er niemandem im Wege sitzt. Er hat eine Schüssel vor sich aufgestellt und er hofft, dass die Menschen, die an ihm vorbei gehen, ein paar Münzen dort hinein werfen. Davon kauft sich Bartimäus dann etwas zu essen.
Aber das ist kein schönes Leben. Wie gerne würde er arbeiten und Geld verdienen. Er hätte gerne eine Familie und wäre dann auch nicht mehr so viel alleine. Wenn er nur sehen könnte. Ja, wenn….

Heute hört Bartimäus viele Menschen vor den Stadttoren. Und immer hört er den Namen „Jesus". Bartimäus hat schon viel über diesen Jesus gehört. Er weiß, dass Jesus Gottes Sohn ist. Jesus soll viel über Gott wissen und Kranke wieder gesund machen. Und dieser Jesus soll heute nach Jericho kommen! Bartimäus will ganz genau hinhören.

Wenn Jesus an ihm vorbei kommt! Das wäre vielleicht seine Chance! Jetzt werden es immer mehr Stimmen, die Bartimäus hört und es wird immer lauter. Jetzt müsste es doch soweit sein! Und Bartimäus will es versuchen. Er ruft: „Jesus!" *(laut schreien)*. Aber keiner hört ihn. Einige sagen: „Sei still Du Blinder! Halt Deinen Mund! Du hast hier gar nichts zu sagen!" Aber jetzt will Bartimäus nur noch eines. Er will zu Jesus und er ruft so laut er kann: „Jesus!" *(laut schreien!)* „Jesus, Sohn Gottes, hab Mitleid mit mir! Bleib stehen und sieh mich an!" *(laut schreien!)*

Jesus bleibt stehen. Er kümmert sich nicht darum, was die anderen Leute sagen. Jesus sagt: „Bringt den Blinden hierher! Er soll kommen!" Bartimäus kann nicht sehen, was da vor sich geht, aber er spürt und hört, dass die Menschenmenge stehen bleibt. Plötzlich ruft einer: „Du Blinder, steh auf, hab Mut! Komm zu Jesus! Jesus hat Dich gesehen und nimmt sich Deiner an!"
Daraufhin wirft Bartimäus seinen Mantel auf den Boden und geht dorthin, wo er Jesus vermutet. Langsam muss er gehen, aber er spürt, dass die Menschen zurück weichen und er einen freien Weg zu Jesus hat.

Da steht Bartimäus vor Jesus. Und Jesus sagt: „Was willst Du, dass ich tue?" Und Bartimäus antwortet Jesus und sagt: „Ich will, dass ich sehen kann, mein Herr!" Und Jesus sagt: „Dein Glaube hat Dir geholfen!"

Bartimäus wirft seinen Blindenstock zu Boden und nimmt seine Binde ab. Ganz langsam öffnet er die Augen und blickt sich vorsichtig um. Es ist so hell und Bartimäus kennt sich zuerst gar nicht richtig aus. Alles ist so ungewohnt. Aber da spürt er die warmen Strahlen der Sonne, die er schon kennt, und er schaut zum Himmel und sieht das erste Mal die helle Sonne am Himmel stehen.

Als er sich weiter umsieht, sieht er den blauen Himmel, der so freundlich ausschaut.

Er sieht die Häuser der Stadt Jericho und entdeckt zum ersten Mal, wie viele Häuser hier sind und wie groß sie gebaut sind.

Bartimäus sieht Blumen am Weg stehen, die in allen möglichen Farben blühen und er ist so glücklich wie noch nie in seinem Leben. Er spürt, wie schön, die Erde ist und wie wunderbar Gott alles gemacht hat.

Bartimäus sieht Jesus an und ist einfach nur dankbar. Jesus hat Bartimäus gesund gemacht. Nun kann er wieder sehen. Und Bartimäus hat nur einen einzigen Wunsch. Er möchte bei Jesus bleiben. Er möchte mit ihm gehen und ihm nachfolgen. Er möchte noch mehr von Gott hören und so leben wie es Gott gefällt. Jesus ist nun sein neuer Freund.

Klanggeschichte

Menschen laufen	Klangstäbe	Symbol: Fußspuren
Herzklopfen	Handtrommel	Symbol: Herz
Bartimäus spricht	Schellenkranz	Symbol: Blinder
Aufregung	Rassel	Symbol: Zittern
Jesu spricht	Triangel	Symbol: Jesus

Benötigte Materialien:
Instrumente: Klangstäbe, Handtrommel, Rassel, Triangel, Schellenkranz
(Anzahl der Instrumente entsprechend der Kinderzahl), Symbolkarten für die Kinder
(Jesus, Aufregung, Gehen...)

Vorbereitende Tätigkeiten:
Instrumente herstellen oder zusammensuchen; Symbolkarten (siehe Tabelle) vorbereiten.

Vorteil dieser Methode ist, dass alle Kinder aktiv mitmachen können.

Hinführung zur Klanggeschichte:
Vor der Aktion wird mit den Kindern vereinbart, dass die Instrumente wieder zurückgelegt werden, wenn die Erzieherin in die Hände klatscht.
Die Kinder bekommen vor der Erzählung die Instrumente und ein Bild, auf dem dargestellt ist, bei welcher Handlung die Kinder ihr Instrument spielen dürfen. Die Kinder dürfen ihr Instrument frei ausprobieren. Im zweiten Schritt können bereits unterschiedliche Lautstärken, Tempi und Spielmethoden vorgestellt und ausprobiert werden, z. B. schnelles und langsames Gehen.

Die Verklanglichungen zu den unterschiedlichen Handlungen werden vor der Geschichte mit den Kindern besprochen und geübt.

Wichtig während des Erzählens:
Eine Klanggeschichte muss immer vorgelesen und nicht frei erzählt werden. Der Erzähler muss ausreichend lange Pausen machen, in denen die Kinder ihre Instrumente spielen können. Der Erzähler gibt den Einsatz der Instrumente durch Handzeichen vor. Der Erzähler liest die Geschichte spannend und engagiert vor.

Aktion der Kinder:
Die Kinder müssen versuchen, die vorgelesene Handlung zu verklanglichen, z.B. wenn die Menschen schnell laufen, die Klangstäbe schnell anschlagen...
Es ist sinnvoll die Klanggeschichte zweimal zu spielen!

ERZÄHLUNG

Seit Jahren sitzt Bartimäus vor den Stadttoren von Jericho. Jeden Tag sitzt er am gleichen Platz. Bartimäus kann nichts sehen – er ist blind. Aber: er kann hören. Und wenn er den ganzen Tag hier auf dem Boden sitzt, dann hört er viele Dinge.

Häufig laufen die Menschen an ihm vorbei *(Klangstäbe)*. Manche spazieren ganz langsam *(Klangstäbe langsam spielen)*. Manche haben es sehr eilig in die Stadt zu kommen *(Klangstäbe schnell spielen)*. Manche Leute kommen langsam heran *(Klangstäbe langsam spielen)*. Sie bleiben bei ihm stehen und werfen ein paar Geldmünzen in sein Schälchen. Manche Menschen rennen so schnell an ihm vorbei, dass sie ihn nicht mal sehen können *(Klangstäbe schnell spielen)*. Manche Menschen kommen alleine den Weg entlang *(nur einer spielt Klangstäbe)*. Andere kommen mit ihren Freunden *(alle spielen Klangstäbe)*. All das hört Bartimäus.

Heute hört Bartimäus etwas ganz besonderes. Etwas, das ihn aufgeregt und unruhig macht *(Rassel)*. Etwas, bei dem sein Herz zu pochen beginnt. *(Klopfen auf die Handtrommel)* Jesus ist in der Stadt. Jesus! Von ihm hat Bartimäus schon so viel gehört. Jesus, der so viel von Gott weiß, der so toll erzählen kann und von dem er auch weiß, dass er Kranke gesund machen kann. Und Jesus könnte heute bei ihm vorbei kommen. Bartimäus kann es kaum glauben. Er ist so aufgeregt *(Rassel)*. Seine Beine beginnen zu zittern und sein Herz schlägt immer lauter *(Klopfen auf die Handtrommel)*.

Plötzlich hört er, wie eine ganze Gruppe von Menschen an ihm vorbei läuft! *(Klangstäbe)* Ist das jetzt Jesus?! Bartimäus kann es nicht sehen. Er kann nur die Schritte der Menschen hören *(Klangstäbe)*. Plötzlich hört er, wie jemand sagt: „Jesus!" Jetzt, jetzt muss es soweit sein! Jesus scheint hier ganz in der Nähe zu sein. Und Bartimäus nimmt allen Mut zusammen, spürt wie sein Herz bis zum Zerreißen schlägt *(Klopfen auf die Handtrommel.)* Er ruft ganz laut: „Jesus!" *(Schellenkranz)* Nichts passiert. Das kann doch nicht wahr sein; nochmal versucht er es: „Jesus! Hilf mir!" *(Schellenkranz)* Wieder nichts! Einer aus der Gruppe sagt zu ihm: „Sei still! Belästige Jesus nicht!" Aber Bartimäus ist das jetzt egal; er muss es nochmal probieren: Er schreit so laut er kann: „Jesus! Hilf mir!" *(Schellenkranz)* Und plötzlich spürt er, dass Jesus stehen bleibt! Dann hört er, wie Jesus sagt: „Ruft den Mann her!" *(Triangel)* Bartimäus kann es kaum glauben. Er kann sich gar nicht bewegen, so aufgeregt ist er *(Rassel)*. Bis einer zu ihm sagt: „Nun komm, Bartimäus, steh auf! Jesus ruft Dich!" Und Bartimäus steht auf! Mit zittrigen Beinen läuft Bartimäus in Jesu Richtung *(Klangstäbe)*. Er ist so aufgeregt *(Rassel)*. Er kann kaum mehr atmen! Und Jesus sagt zu ihm: „Was willst Du von mir? Was soll ich Dir tun?" *(Triangel)* Und Bartimäus antwortet mit fester Stimme: „Ich will wieder sehen können!" *(Schellenkranz)*

Und Jesus sagt zu ihm: „Bartimäus Du sollst wieder sehen können! Ich sehe, wie sehr Du auf mich gewartet hast und wie sehr Du mich liebst! Das hat Dir geholfen!" *(Triangel)* Und Bartimäus kann von diesem Augenblick an wieder sehen. Bartimäus ist überglücklich. Sein Herz klopft voller Freude *(Klopfen auf die Handtrommel)*. Und Bartimäus geht mit Jesus *(Klangstäbe)*.

Vertiefungsidee

Spiele

Bartimäus, was siehst Du?
Die Kinder dürfen unter ein Tuch greifen, unter dem immer ein Gegenstand versteckt ist. Z. B. ein Kugelschreiber, Ball, Würfel, Schneebesen, Kugel, Apfel...) Sie erfühlen, was sich darunter verbirgt und dürfen raten. Dies kann in unterschiedlichen Schwierigkeitsstufen gespielt werden; zum Beispiel kann das Spiel für größere Kinder schwieriger gestaltet werden, indem erraten werden soll, wie viele Lego-Steine zu einem Turm zusammengebaut wurden oder welche Geldmünze (ein 2-Euro oder ein 50-Cent-Stück) versteckt wurde.

Ich sehe was, was Du nicht siehst!

Topfschlagen

Wo bist Du? (für ältere Kinder)
Zwei Kindern werden die Augen verbunden. Alle übrigen Kinder begrenzen ein Spielfeld. Eines der „blinden Kinder" muss das andere (im begrenzten Spielfeld) fangen. Es darf immer wieder nur den Namen des Kindes rufen, worauf das andere Kind mit „Hier bin ich!" antwortet und am besten schnell ausweicht (kann man auch um den Tisch herum spielen).

Blind-Malen
Die Kinder dürfen Gegenstände blind an eine Tafel malen. Die anderen dürfen raten, was dargestellt werden soll.

Stimmen erraten:
Tiergeräusche nachmachen. Die Kinder müssen erraten, welches Tier es sein soll.

Lieder

So ist es einst geschehen (Bibelhits Nr. 74, Kontakte Musikverlag)

Als Jesus kam nach Jericho (Evang. Kindergesangbuch Nr. 50)

Lieber Gott,
ich kann mir gar nicht vorstellen, wie es ist, wenn alles immer dunkel ist und ich nichts sehen könnte.
Das kann nicht schön sein, wenn man blind ist.
Wie gut, dass Du bei Bartimäus vorbei gekommen bist und dass Du seine Schreie gehört hast.
Sicherlich konnte er es kaum glauben,
als er plötzlich wieder sehen konnte und endlich wusste,
wie schön die Blumen blühen und wie hell der Tag sein kann.
Du bist bei uns, auch wenn alles um uns herum dunkel ist.
Danke, dass Du Bartimäus geholfen hast.
Schenke allen Menschen so viel Licht in ihrem Leben,
dass sie all das Schöne sehen können.
Amen.

Material auf CD-Rom

Symbolkarten

Bildkarten

Weitere Veröffentlichungen der Autorin:

Anita Gaffron — **Religiöses Erleben mit Kindern** — Martin Luther

Anita Gaffron — **Mit Kindern biblisch kreativ durchs Jahr** — Auf dem Weg nach Bethlehem

Anita Gaffron — **Mit Kindern biblisch kreativ durchs Jahr** — Der Weg von Ostern nach Pfingsten

Anita Gaffron — **Mit Kindern biblisch kreativ durchs Jahr** — Jesus begegnet Menschen auf seinem Weg

Spannende neue Titel finden Sie unter:
www.didactus.com

Sie haben Interesse an einer Fortbildungsveranstaltung der AutorIn oder würden Sie gerne zu einer Veranstaltung, Lesung,... einladen?

Gerne können Sie direkt Kontakt aufnehmen:

biblisch-kreativ@t-online.de

Weitere interessante Veröffentlichungen finden Sie unter
www.didactus.com